十字架への道

受難節の黙想と祈り

小泉　健
Ken Koizumi

日本キリスト教団出版局

受難節の祈りへの招き

　わたしたちは主イエスの復活と再臨の間の時間を生きています。主イエスがすでに到来してくださったことを想い起こし、主イエスが再び到来してくださることを待望します。主イエスを想起することと待望することを通して、すでに来られ、やがて再び来てくださる主イエスが今ここにいてくださることが明らかになります。主イエスを信じ、主イエスに祈り、主イエスと共に生きることができます。

　教会は、もっとも大切な祭としてキリスト復活祭を祝います。「受難節」とはキリスト復活祭に向けて準備をする四十日の日々のことです。わたしたちはいつでも主イエスの死と復活を想起し続けているのですけれども、この期間には主イエスのご受難を特別に深く心に留めます。わたしの罪は主イエスの死をもってでなければ贖われないほどにはなはだしいことを覚えて、悔い改め、十字架の主にすがります。また、主イエスは復活して、わたしたちに復活の希望を約束していてくださることを覚えて、喜び感謝します。

　教会では古くから復活祭に洗礼式を執り行いました。洗礼志願者たちは洗礼準備の最後の期間、しばしば断食をしながら、悔い改めの日々を過ごしました。すでに洗礼の恵みにあずかっている者たちも、洗礼志願者たちに同伴し、洗礼によってすでに主イエスの死と復活にあずかったことを改めて

心に留めつつ、祈りと悔い改めの日々を過ごしました。これが受難節の起源の一つだと言ってよいと思います。

受難節の期間は初めから四十日と決まっていたわけではないようです。地域によって六週間であったり七週間であったりしました。古くから断食することと結びついており、キリストの復活を祝う日曜日には断食をしないので、日曜日を数に入れずに日数を数えるようになりました。モーセがシナイ山にとどまった日数（出エジプト記 34:28）、預言者エリヤが神の山ホレブに旅した日数（列王記上 19:8）、とりわけ主イエスが荒れ野で断食された日数（マタイ 4:2）を覚え、四十日間の祈りの日々を守りたいとの願いから、受難節の日数が固定されていくことになりました。

受難節は祈りの時、悔い改めの時です。この期間を祈り深く過ごしましょう。聖書の御言葉に導かれ、信仰の先達たちの祈りに支えられて、代々の聖徒たちの祈りに加わりましょう。この小さな書物が受難節の祈りの助けとなることを願っています。

本書の構成

見開きが一日分です。左ページに御言葉と黙想、右ページに信仰の先達の祈りを置きました。右上にはその週のテーマを記しています。受難節の歩みは長いので、一週間ずつ階段を上っていくように読み進めてください。聖書引用は基本的に『聖書 新共同訳』（日本聖書協会）に準拠しています。

目　次

3　受難節の祈りへの招き

8　受難節第 1 日　（水）　灰の水曜日　週のテーマ：**自己吟味と回心**

10　第 2 日　（木）

12　第 3 日　（金）

14　第 4 日　（土）

16　受難節第 1 主日　週のテーマ：**試練**

18　第 5 日　（月）

20　第 6 日　（火）

22　第 7 日　（水）

24　第 8 日　（木）

26　第 9 日　（金）

28　第 10 日　（土）

30　受難節第 2 主日　週のテーマ：**人々に引き渡された**

32　第 11 日　（月）

34　第 12 日　（火）

36　第 13 日　（水）

38 第 14 日 （木）

40 第 15 日 （金）

42 第 16 日 （土）

44 受難節第 3 主日　週のテーマ：**断念することへの備え**

46 第 17 日 （月）

48 第 18 日 （火）

50 第 19 日 （水）

52 第 20 日 （木）

54 第 21 日 （金）

56 第 22 日 （土）

58 受難節第 4 主日　週のテーマ：**あなたがたのために犠牲にされた**

60 第 23 日 （月）

62 第 24 日 （火）

64 第 25 日 （水）

66 第 26 日 （木）

68 第 27 日 （金）

70 第 28 日 （土）

72 受難節第 5 主日　週のテーマ：**神の小羊**

74 第 29 日 （月）

76 第 30 日 （火）

78 第 31 日 （水）

80 第 32 日 （木）

82 第 33 日 （金）

84 第 34 日 （土）

86 受難節第 6 主日　棕梠の主日　週のテーマ：痛みの人

88 第 35 日 （月）

90 第 36 日 （火）

92 第 37 日 （水）

94 第 38 日 （木）　洗足の木曜日

96 第 39 日 （金）　十字架の聖金曜日

98 第 40 日 （土）

100　イースター　キリスト復活祭

103　受難節の過ごし方

113　参考文献

115　あとがき

装丁　松本七重

受難節 第 1 日

灰の水曜日

ヨエル書 2 章 12–19 節
マタイによる福音書 6 章 16–21 節

主は言われる。
「今こそ、心からわたしに立ち帰れ
断食し、泣き悲しんで。
衣を裂くのではなく
お前たちの心を引き裂け。」（ヨエル書 2 章 12–13 節）

灰の水曜日を迎えました。

灰は悔い改めのしるしです。灰の水曜日の儀式では、一人一人の額に灰が塗りつけられ、「あなたは塵であり、塵に帰るのだということを想い起こしなさい」、あるいは「あなたの生活を作り直し、福音を信じなさい」と告げられます。

悔い改めるとは、神に帰ることです。しかしわたしたちは自分で神に帰ることはできません。わたしたちが神に帰ることができるのは、神がわたしたちに向かって「わたしに立ち帰れ」と呼びかけてくださるからです。わたしに向けて告げられている言葉としてあなたの御言葉を受け取らせてください。

自己吟味と回心

主よ

あなたはわたしたちのために

四十日四十夜断食されました。

願わくは、恵みによってわたしたちも

そのような禁欲を行うことができますように。

願わくは、わたしたちの肉体が霊に服従して

わたしたちが

義と真の聖とにおける聖なるご意志に従うことができ

あなたのほまれと栄光となりますように。

御子は父と聖霊と共にひとりの神にいまして

世々限りなく生きて支配されます。

（英国の改革者たち）

受難節 第 2 日　木曜日

ゼカリヤ書 7 章 2–13 節
コロサイの信徒への手紙 3 章 5–11 節

万軍の主はこう言われる。
正義と真理に基づいて裁き
互いにいたわり合い、憐れみ深くあり
やもめ、みなしご、寄留者、貧しい者らを虐げず
互いに災いを心にたくらんではならない。

(ゼカリヤ書 7 章 9–10 節)

　受難節は教会によっては「大斎（節）」とも言いますし、外国語では「断食節」とも言います。灰の水曜日の直前の月曜日や火曜日に謝肉祭（カーニバル）を行うのも、精進する季節になる前に欲を満たそうというのでしょう。

　しかし断食するのは祈りに集中するためです。「口から出る恥ずべき言葉を捨てる」（コロサイ 3:8）のは、神の言葉に集中するためです。「新しい人を身に着ける」（同 10 節）ことは、御言葉を通して主イエスのお姿を見、主の言葉を聞き、主のみわざを受け取ることによります。食べるにせよ断食するにせよ、神のためにそうする者にならせてください。あなたの心を受け取らせてください。

10

自己吟味と回心

主よ

この憐れみの季節に

わたしたちを静かにし、祈り深くしてください。

この戦いの季節に

わたしたちをあなたにあって強くしてください。

この欠乏の季節に

わたしたちをあなたのものとしてください。

この待望の季節に

わたしたちの心をあなたの十字架の秘義へと開いてください。

(作者不明)

憐れみに満ちた主よ

わたしの罪を取り去り

わたしのうちに御霊の炎を燃え上がらせてください。

わたしから石の心を取り去り

わたしに肉の心を

あなたを愛しあがめる心を

あなたに従い、あなたを喜ぶ心を、与えてください。

(アンブロシウス　334–397)

受難節 第3日　金曜日

　　ヨハネによる福音書 8 章 21–30 節
　　ローマの信徒への手紙 7 章 14–25 節

　　イエスはまた言われた。「わたしは去って行く。あなた
　　たちはわたしを捜すだろう。だが、あなたたちは自分の
　　罪のうちに死ぬことになる。わたしの行く所に、あなた
　　たちは来ることができない。」

　　　　　　　　　　　　　　　（ヨハネによる福音書 8 章 21 節）

　主イエスはただお一人で歩まれます。だれもついていくこ
とはできません。死に向かっていく歩みだからです。神から
もっとも遠い所にまで降っていく歩みだからです。主イエス
はもっとも深く、もっとも遠い所まで行かれます。だれもつ
いていくことのできない、厳しい死をお迎えになります。十
字架の道行きです。
　主イエスがこの道を行かれるのは、「自分の罪のうちに死
ぬ」しかないわたしのためです。そうであってはならないと、
わたしたちが願うのにまさって主イエスが願い、十字架への
道をまっすぐに歩みとおしてくださいました。

12

自己吟味と回心

わたしたちの神であるキリストよ
あなたの聖なる尊い十字架に守られて
平安の内にとどまることができますように。
見える敵と見えざる敵とからわたしたちをお救いください。
感謝の祈りをもって
父と御霊と共にいますあなたと
終わりなき御国とを
今も後もとこしえにほめたたえます。
わたしたちの賛美を受け入れてください。

(啓蒙者グレゴリオス　240頃–332頃)

受難節 第4日　土曜日

ダニエル書5章1–7, 17–30節

意味はこうです。メネは数えるということで、すなわち、神はあなたの治世を数えて、それを終わらせられたのです。テケルは量を計ることで、すなわち、あなたは秤（はかり）にかけられ、不足と見られました。パルシンは分けるということで、すなわち、あなたの王国は二分されて、メディアとペルシアに与えられるのです。

（ダニエル書5章26–28節）

　ベルシャツァル王の姿は、わたしたちの世界の姿であり、わたしたち自身の姿です。力のある者、富んでいる者がその力と富とを自分のためだけに使う。自分をもっと肥え太らせて、他者を忘れ果てています。宗教さえも娯楽にします。ご馳走を食べ、酒を飲み、贅沢（ぜいたく）をして、これが豊かさであり、幸せなのだと錯覚しています。

　そのようなわたしたちに神は御手を伸ばし、なおも語り続けてくださいます。ダニエルは終わりを迎えた国の手の施しようのない王にも、神の言葉を取り次ぎました。わたしのための言葉、この世界のための言葉を受け取らせてください。

自己吟味と回心

主イエス・キリストよ、あなたに栄光がありますように。
あなたは死を越える橋として
あなたの十字架をお立てくださいました。
だから死者の魂は死の国を過ぎて命の国に至るのです。
あなたに栄光がありますように。
あなたは死ぬべき人間の体を身にまとい
その御体を
すべての死ぬべき人間の命の源にしてくださいました。
あなたは生きておられます。
あなたを殺した者たちは農夫のようにあなたの命を扱いました。
すなわち、種を蒔くようにあなたの命を深く地に蒔きました。
あなたの命が多くの人と共に芽生え、育つためです。
わたしたちはわたしたちの愛を
大きな、普遍的な犠牲としてあなたに献げ
わたしたちのもっとも豊かな賛美と祈りを
あなたに注ぎ出します。
あなたはわたしたちすべてを豊かにするために
あなたの十字架を犠牲として神に献げてくださったのですから。

(シリアのエフライム　306頃 –373)

受難節 第 1 主日

Invocabit（呼び求める）

創世記 3 章 1–19 節
ヘブライ人への手紙 4 章 14–16 節
マタイによる福音書 4 章 1–11 節

この大祭司は、わたしたちの弱さに同情できない方では
なく、罪を犯されなかったが、あらゆる点において、わ
たしたちと同様に試練に遭われたのです。

（ヘブライ人への手紙 4 章 15 節）

主イエスは霊に導かれて荒れ野に行かれ、四十日四十夜断
食なさいました。受難節において四十日の祈りの時を持つの
は、主のお姿に倣うものです。荒れ野は人の住まない所、神
の助けがなければ生き延びられない所です。だからこそ生き
ておられる神と出会う場所にもなります。

罪はわたしたちに、御言葉なしにも生きられると、この世
にも多くの楽しみがあり慰めがあると、自分の思いや判断を
第一にしたらいいとそそのかします。そのようなことがすべ
て偽りであると、どうか本当にわからせてください。

試　練

生ける真実の神よ

あなたの民をみそなわしてください。

乾いた石の心は、渇きで干からびています。

あなたの御霊の生ける水の水門を開いてください。

あなたの水がわたしたちの内で泉となり

永遠の命に至る水がわき出るようにしてください。

そうすれば、わたしたちは

わたしたちの救いであり希望であるキリストを通して

霊と真理をもってあなたを礼拝します。

　　　　　　　　　　　　（ローマ・カトリック教会典礼）

受難節 第 **5** 日　月曜日

ヨハネの手紙一 3 章 7–11 節
ヨハネによる福音書 8 章 31–47 節

悪魔の働きを滅ぼすためにこそ、神の子が現れたのです。
（ヨハネの手紙一 3 章 8 節）

　主イエスは信仰深いユダヤ人たちに言われます。「あなた
たちは、悪魔である父から出た者である」（ヨハネ 8:44）。厳
しい言葉です。わたしたちにも向けられている言葉です。自
分の欲望を満たすことを求め、人を生かすことができない。
だから「最初から人殺し」（同）です。そして神の言葉を聞
くことができない。
　神の言葉に集中するこの季節に知らされるのは、わたした
ちは神の言葉を受け止めるどころか聞き流し、神の言葉を殺
しているということです。真理に立たず、「偽り者」（同）に
なっています。悪魔の働きを滅ぼし、わたしたちを自由にし
て、あなたの言葉を聞き取らせてください。

18

試　練

主よ

わたしは何者であり、どのような者であったでしょう。

いったい、わたしの行わなかった悪があるでしょうか。

たとえ行わなかったにしても、

　　言わなかった悪があるでしょうか。

たとえ言わなかったにしても、

　　欲しなかった悪があるでしょうか。

しかも主よ、あわれみ深く恵みにあふれるあなたは

　　わたしの死の深さをみそなわし

全能の右手をもって

　　心の奥底から腐敗の淵を

　　くみつくしてくださいました。

そのためわたしは、自分の欲していたことをもはや欲せず

　　あなたの欲したもうことを欲するようになったのです。

　　　　　　　　　　　　　（アウグスティヌス　354–430）

受難節 第 6 日　火曜日

　　ヨブ記 1 章 1–22 節
　　マルコによる福音書 14 章 17–31 節

　　サタンは答えた。
　　「ヨブが、利益もないのに神を敬うでしょうか。」

（ヨブ記 1 章 9 節）

　サタンは地上を巡回し、歩きまわり、人間をつぶさに見て、
人間のことをよく知っています。人間をよく知るものとして
人間を告発しないではいられません。人間が神を信じていた
としても、それは自分が救われたいから、自分が幸福になり
たいからだ。自分に利益がないのに、ただ神が神であられる
ゆえに信じるなどということはありえないと。厳しい告発で
す。わたしたちは信じることにおいても、祈ることにおいて
も罪を犯します。しかし神はヨブを信じてくださり、主イエ
スは裏切る者たちを主の食卓に招いてくださいました。ユダ
も、ペトロも、そしてわたしをも。

試　練

主よ、わたしのうちに形造ってください。
わたしの目の中に目を造り、
その新しい目で
あなたの聖なる犠牲を見つめることができるように。

わたしのうちに純粋な心をお造りください。
あなたの御霊の力によって
あなたの救いを吸い込むことができるように。

(ヨセフォス・ハッザーヤー　810 頃–886)

主よ、心のかぎりに、あなたを求め
求めることによって、あなたを見出し
見出すことによって、あなたをいよいよ愛せますように。
あなたを愛するがゆえに
あなたの贖いを不可欠とした
自分の罪を憎めますように。

(アンセルムス　1033–1109)

受難節 第 7 日　水曜日

　　　コリントの信徒への手紙一 10 章 9–13 節
　　　サムエル記上 18 章 6–16 節

　　あなたがたを襲った試練で、人間として耐えられないよ
　　うなものはなかったはずです。神は真実な方です。あな
　　たがたを耐えられないような試練に遭わせることはなさ
　　らず、試練と共に、それに耐えられるよう、逃れる道を
　　も備えていてくださいます。

　　　　　　　　　　（コリントの信徒への手紙一 10 章 13 節）

　さまざまな霊の働きがあります。この世の考え方や価値観
があり、この時代の時代精神があります。試練の時に悪い霊
が働きます。試練は神でないものに頼らせ、自分自身に頼ら
せ、わたしたちを神から引き離します。だから試練は偶像礼
拝と結びついています（Ⅰコリント 10:7, 14）。
　十字架にかけられ、もっとも大いなる試練の闇の中に見捨
てられても、主イエスは「わが神、わが神」（マルコ 15:34）
と祈られました。これは試練に打ち勝つ叫びです。試練から
逃れる道とは、神の御顔の光を仰ぐことに至らせる道です。
それは、十字架の主イエスが切り開いてくださった道です。

試　練

キリストよ、あなたは十字架の上で叫ばれます。
「わたしの民よ
わたしはあなたがたにどんな悪いことをしたか。
わたしがあなたにしなかったどんな良いことがあるか。
わたしに耳を傾けなさい。
通り過ぎる者たちよ
あなたにとって何の意味もないことなのか。
わたしの悲しみに似た悲しみがあるかどうか
よく考えてごらんなさい。」

キリストよ、あなたをあがめ、あなたを賛美します。
あなたの聖なる十字架によって
あなたは世界を贖ってくださいました。

（10世紀フランスの祈り）

受難節 第 **8** 日　木曜日

　　ヤコブの手紙 4 章 1–10 節
　　テサロニケの信徒への手紙一 3 章 1–13 節

　　神に服従し、悪魔に反抗しなさい。そうすれば、悪魔は
　　あなたがたから逃げて行きます。

　　　　　　　　　　　　　　　　　　　　（ヤコブの手紙 4 章 7 節）

　「高慢」（ヤコブ 4:6）とは自分が主人になって生きること
です。神の恵みはわたしの悩みには無力だと、この世の苦し
みには助けにならないと思って、神がおられないかのように
生きることです。高ぶるからこそ世の友となり、神の敵に
なってしまいます（同 4 節）。わたしたちのことです。
　「手」は行いのこと、「心」は考えや思いのことでしょう
（同 8 節）。手を清め、心を清める。神に降伏するということ
です。思いにおいても、言葉においても、行いにおいても、
神なしに生きてしまうことを悲しみながら、神に降伏してし
まいたい。自分の生活を神に明け渡してしまいたい。主よ、
わたしの中に入り、王座についてください。

試　練

主よ

友のために自分の命を捨てること、

　　これ以上に大きな愛はないと

　　あなたは教えてくださいました。

しかし、あなたの愛はもっと大いなるものでした。

あなたは敵のために自分の命を捨ててしまわれたからです。

わたしたちが敵であったときに

　　あなたはご自分の死によって

　　わたしたちをご自分と和解させてくださいました。

このような愛が、かつて他にあったでしょうか。

これからもあり得るでしょうか。

あなたは不正な者のために、

　　不正な仕打ちに耐えてくださいました。

あなたは罪深い者のために、罪人らの手で死なれました。

あなたは虐げられている者を自由にするために

　　ご自分は奴隷となってしまわれました。

　　　　　　　（クレルヴォーのベルナルドゥス　1090 頃–1153）

受難節 第 9 日　金曜日

　　ヘブライ人への手紙 2 章 10–18 節
　　ローマの信徒への手紙 6 章 12–18 節

　　（イエスは）事実、御自身、試練を受けて苦しまれたか
　　らこそ、試練を受けている人たちを助けることがおでき
　　になるのです。

（ヘブライ人への手紙 2 章 18 節）

　主イエスは死の苦しみのゆえに栄光と栄誉の冠を授けられ
ました（ヘブライ 2:9）。数々の苦しみを通して完全な者とさ
れました（同 10 節）。王の誉れは、苦しみや惨めさではあり
えず、威厳を持ち、服従されることでしょう。しかし主イエ
スの誉れは、人間となること、苦しむこと、そして死ぬこと
でした。

　主イエスは、苦しみ死んでいく人を見つめます。ホームレ
スの人が段ボールの風除けに入っていくのを見つめます。病
気の人が尊厳や目標まで奪われているのを見つめます。幼児
がゆっくり餓死していくのを見つめます。主イエスは見て、
共に苦しんでおられます。それが主イエスの誉れです。

試　練

感謝いたします。
主イエス・キリストよ
わたしたちにお与えくださった、すべての恵みのゆえに。
わたしたちのために耐えてくださった、
　　すべての痛みと辱めのゆえに。

憐れみに満ちた贖い主よ
わたしたちの友にして、兄弟なるキリストよ
わたしたちが、
もっと確かにあなたを知ることができますように。
もっと熱くあなたを愛することができますように。
もっと忠実にあなたに従うことができますように。

(チチェスターのリチャード　1197 頃−1253)

受難節 第 **10** 日　土曜日

ヨハネの黙示録 20 章 1–6 節

この天使は、悪魔でもサタンでもある、年を経たあの蛇、
つまり竜を取り押さえ、千年の間縛っておき、底なしの
淵に投げ入れ、鍵をかけ、その上に封印を施して、千年
が終わるまで、もうそれ以上、諸国の民を惑わさないよ
うにした。(ヨハネの黙示録 20 章 2–3 節)

　試練があり誘惑があります。悪魔的としか言いようのない
力が世界を動かし、死が圧倒的な力でわたしたちを脅かしま
す。わたしたちは「こころみにあわせず、悪より救い出した
まえ」と祈ります。これは主イエスを求める祈りです。主イ
エスはあらゆる試みの中でわたしたちを守り、罪と死からわ
たしたちを救うためにこの世に来てくださいました。
　千年が終わると、サタンは解き放たれ、最後の戦いを挑も
うとします。しかしこの戦いは始まったかと思うと終わって
しまいます (9 節)。罪も死もサタンも、どんな力も、神の
救いの確かさとは比べものになりません。

試　練

主よ、聖なる父よ、わたしたちにお示しください。
わたしたちのために十字架にかかってくださったお方が
　　どのようなお方であるのか。
そのお苦しみによって岩に亀裂を生じさせ
　　その憐れみによって岩を砕いてしまうお方が
　　どのようなお方であるのか。
死によって死人を命に連れ戻してしまうお方が
　　どのようなお方であるのかを。

このお方を見る時に
　　わたしの心に亀裂を生じさせ、砕いてください。
このお方の苦しみへの思いによって
　　わたしの魂を引き裂いてください。
このお方を死なねばならなくさせたわたしの罪への悲しみで
　　わたしの心を閉ざしてください。
そして最後に、このお方への愛によって
　　わたしの心をやわらかにしてください。

（ボナヴェントゥラ　1217–1274）

受難節 第 2 主日

Reminiscere（思い起こしてください）

　　　イザヤ書 5 章 1–7 節
　　　ローマの信徒への手紙 5 章 1–11 節
　　　マルコによる福音書 12 章 1–12 節

　　（農夫たちは）息子を捕まえて殺し、ぶどう園の外にほ
　　うり出してしまった。

　　　　　　　　　　　　　　　　（マルコによる福音書 12 章 8 節）

　わたしたちは自分の人生というぶどう園に生きています。
神が主人で、自分は農夫にすぎないと知ってはいます。でも
神は遠くにおられると思い、自分が主人になって生きていま
す。口を出されたくないのです。神の働きかけに耳を閉ざし
ます。しかしそれは、それこそが神の御子を殺してしまうと
いうことです。

　そのようなわたしに神はどうなさるのでしょうか。わたし
たちが建てている家には要らない、と言ってわたしたちが拒
み、捨て、殺してしまった主イエスを、神は甦らせてくだ
さり、わたしたちの家を支える親石となさいました（マルコ
12:10）。

人々に引き渡された

わたしたちの主よ
あなたは十字架を前にして
わたしたちがあなたの内で一つとなることを願い
そのために苦しんでくださいました。
あなたが血の代価を払ってわたしたちを買い取り
互いに兄弟姉妹としてくださったのに
わたしたちが互いを隔て、分裂していることを悲しみます。
わたしたちの神よ
自分自身から、わたしたちを自由にしてください。
あなたにあっては取るに足りないものや汚れたものから
わたしたちを自由にしてください。
そして、あなたがわたしたちに抱いていてくださる御心を
成し遂げようと欲する飢えと渇きをお与えください。
あなたがすべての者のために死んでくださったように
全世界のあなたの教会が
あなたにあって一つとなりますように。

(Collects and Prayers 1935)

受難節 第 11 日　月曜日 ───────

　　　エレミヤ書 26 章 1–3, 7–16, 24 節
　　　ルカによる福音書 20 章 20–26 節

　　　わたしはお前たちの手中にある。お前たちの目に正しく、
　　　善いと思われることをするがよい。

　　　　　　　　　　　　　　　　　（エレミヤ書 26 章 14 節）

　預言者を手の中に置き、裁くとは、神の言葉を裁くことで
した。主イエスの言葉じりをとらえるとは、神の言葉を罠に
かけようとすることでした。主イエスを引き渡し、裁判にか
けるとは、天地の裁き主であるお方を裁き、神の真理を裁く
ことに他なりません。なんと恐ろしい倒錯でしょうか。
　しかしわたしたちが十字架につまずき、贖罪信仰を愚かな
ものとし、むしろ寄り添うことや共に生きることやありのま
まに認められることの方が福音だと考えるとき、わたしたち
は十字架の主を手の中に置き、人間の思いで判断しています。
　御言葉の前にへりくだらせ、生きておられるあなたの御声
を聞き取らせてください。

人々に引き渡された

主よ、お与えください、ゆるみのない心を
　　価値なき愛へと引かれていかない心を。
主よ、お与えください、我慢強い心を
　　いかなる苦難にもくじけてしまわない心を。
主よ、お与えください、まっすぐな心を
　　かりそめの目的にいざなわれない心を。
そしてまた主よ、お与えください
　　あなたを知る理解力を
　　ひたむきにあなたを求める熱心さを
　　あなたを見出す知恵を
　　終わりのときにあなたにまみえて、
　　あなたにすがりつく一途さを。

　　　　　　　（トマス・アクィナス　1225 頃–1274）

受難節 第 12 日　火曜日

　　ヨブ記 2 章 1–10 節
　　マルコによる福音書 14 章 32–42 節

　　時が来た。人の子は罪人たちの手に引き渡される。

（マルコによる福音書 14 章 41 節）

　「引き渡す」は、主イエスのご受難を語る重要な語です。
原文のギリシア語は「パラディドーミ」といって、ある人を
別の人の裁量の下に置くことを意味します。主イエスは祭司
長たちに、異邦人に、そして十字架の死に引き渡される。わ
たしたちはまるで自分の意のままにできるかのように、主を
自分の手の中に置き、もっと低い所へと引き渡します。
　しかし「パラディドーミ」は、もともとは「与える（ディ
ドーミ）」の強調形です。「引き渡される」と受け身で言われ
る背後におられる真の主語は神ご自身です。神は愛する独り
子をお与えになります。徹底的にお与えくださるのです。

人々に引き渡された

キリストの魂よ、わたしをきよめてください。
キリストの体よ、わたしをお救いください。
キリストの血潮よ、わたしの血管に流れ込んできてください。
キリストのわきから出た水よ、わたしを洗ってください。
キリストの苦難よ、わたしを慰めてください。

主イエスよ、聞いてください。
あなたの傷の中に、わたしを隠してください。
わたしを、あなたから決して離れさせないでください。
死をもたらす敵から、わたしをお守りください。
わたしが死ぬ時に、わたしを呼んでください。
そしてあなたのもとに来るようにとわたしを招き、
聖徒たちと共に
　　あなたをほめ歌うことができるようにしてください。
とこしえに。

（「アニマ・クリスティ」　14世紀）

受難節 第 13 日　水曜日

　　出エジプト記 17 章 1–7 節
　　ヨハネによる福音書 16 章 29–33 節

　　あなたがたには世で苦難がある。しかし、**勇気を出しな**
　　さい。わたしは既に世に勝っている。

　　　　　　　　　　　　　　（ヨハネによる福音書 16 章 33 節）

　試練があり、挫折があり、争いや葛藤があります。病の不
安、老いていくことの不安があります。死の不安があり、生
きることの不安があります。勇気が必要です。危険や痛みや
反対に立ち向かい、生きていく勇気が必要です。

　苦しみの多い命を生きています。しかし主イエスは罪と死
を打ち負かし滅ぼしてくださいました。だから苦しみは一時
のこと、過ぎ去ることになり、最後のこと、決定的なことで
はなくなりました。

　「勇気を出す」と訳された語は「安心する」（マルコ 6:50）、
「元気を出す」（マタイ 9:2）とも訳されています。主イエス
がわたしを脅かすものに勝利してくださったからです。

人々に引き渡された

主よ、あなたの貴い御名を
わたしの心に書き記してください。
その御名が深く心に彫りつけられて
繁栄も、逆境も
あなたの愛からわたしを引き離すことがありませんように。
どうかわたしにとって、堅固な砦でいてください。
試練の時の慰め手
悩みの日々の助け手
苦しむ時のいと近き助け
この世の多くの誘惑と危険の中で
天国への導き手でいてください。

（トマス・ア・ケンピス　1380–1471）

全能の憐れみ深い父よ
十字架と御受難の中に、
あなたの力と強さを見出すことができますように。
わたしたちが、苦しみにあっても勇気を失うことなく
慰めと喜びを見つけ
死のただ中において命を受け取ることができるように
御言葉をわたしたちの内に力強く働かせてください。

（ヤーコプ・オッター　1485–1547）

受難節 第 14 日　木曜日　————————————

　　ヨハネの手紙一 1 章 8 節 –2 章 6 節
　　ガラテヤの信徒への手紙 4 章 13–20 節

　　この方こそ、わたしたちの罪、いや、わたしたちの罪ば
　　かりでなく、全世界の罪を償ういけにえです。

　　　　　　　　　　　　　　　　　　（ヨハネの手紙一 2 章 2 節）

　主イエスは罪人であるわたしの「弁護者（パラクレートス）」
（Ⅰヨハネ 2:1）です。パラクレートスとは、呼びかけにこた
えて駆けつけてきてくれた「助け手」です。主イエスがわた
しと共に法廷に立ち、わたしのかたわらにいて弁明してくだ
さるのだというのです。しかしわたしの罪について、いった
いどんな弁護ができるというのでしょうか。だからこの弁護
者は無言の弁護者です。口を開かずに、黙ってご自分を、わ
たしの罪を償ういけにえにしてしまわれました。ご自分の命
を全部注ぎ出して、わたしのために執り成しをしてください
ました。

人々に引き渡された

主なる神、天の父よ
父としての恵みにあふれたあなたは
御子を惜しむことなく
御子を死と十字架に引き渡されました。
願わくは、あなたの聖霊をわたしたちの心にお与えください。
あなたの恵みによって心から慰められ
さまざまな罪からたしかに守られ
あなたがわたしたちに負わせようとなさるものは
忍耐強く担うことができますように。
そのようにしてわたしたちが聖霊によって
あなたと共に永遠に生きることができますように。

（ファイト・ディートリヒ　1506–1549）

受難節 第 15 日　金曜日

ルカによる福音書 9 章 43b–48 節
コリントの信徒への手紙二 13 章 3–9 節

キリストは、弱さのゆえに十字架につけられましたが、
神の力によって生きておられるのです。

（コリントの信徒への手紙二 13 章 4 節）

キリストは弱くなってくださいました。どこまでも弱くな
られました。命のパンであられるのに飢えてくださいました。
生ける水であられるのに渇いてくださいました。天地の主で
あられるのに見捨てられ、軽蔑され、打たれてくださいまし
た。あざけられても十字架から降りないでいてくださいまし
た。

受難節はキリストの弱さを見つめる季節です。キリストの
弱さの中に、神の力があります。キリストは御父に信頼しと
おして、ご自分は無力でいることができる。わたしたちを愛
しとおして、ご自分をむなしくすることがおできになる。わ
たしたちをキリストと共に生かしてください。

人々に引き渡された

主イエス・キリスト、全能の神の子

永遠の父の御姿、神にして人なる方よ

あなたは十字架の上で、わたしたちの罪のために死に

死から甦り、永遠に生きて支配し

わたしたちの仲保者、憐れみの源と定められました。

あなたは「疲れた者、重荷を負う者は、だれでもわたしのもとに来なさい。休ませてあげよう」と仰せになりました。

主よ、願わくは、わたしたちに憐れみを与え

わたしたちの罪を消し去り

わたしたちのための調停者となってください。

わたしたちは罪深い者ですから。

わたしたちを義とし、聖霊をもってきよめ

永遠の命に導いてください。

主よ、願わくは、御助けによって

わたしたちが悪に打ち勝つことができますように。

「女の子孫は蛇の頭を砕く」と書かれているとおりに。

主イエス・キリスト、全能の神の子よ

あなたは「わたしは羊たちに永遠の命を与える。

彼らは決して滅びず

だれも彼らをわたしの手から奪うことはできない」と

お語りくださいました。

(フィリップ・メランヒトン　1497–1560)

受難節 第 16 日　土曜日

ガラテヤの信徒への手紙 2 章 16–21 節

生きているのは、もはやわたしではありません。キリストがわたしの内に生きておられるのです。

（ガラテヤの信徒への手紙 2 章 20 節）

「キリストがわたしの内に生きておられる」と断言できるのは、使徒パウロだからでしょうか。違います。わたしたちもキリストと共に十字架につけられました（ガラテヤ 2:19）。わたしたちが生きているのも、「わたしを愛し、わたしのために身を献げられた神の子に対する信仰によるものです」（20 節）。この個所を、2018 年末に刊行された聖書（聖書協会共同訳）は次のように訳しています。「私を愛し、私のためにご自身を献げられた神の子の真実によるものです」。

　キリストがわたしに代わってどこまでも神に真実でいてくださり、またキリストがわたしをどこまでも信じとおしてくださったから、このキリストの真実によってわたしは救われたし、わたしは今生きている。わたしの生の根拠は、ただひたすらにキリストの真実です。そしてわたしたちはこのキリストを信じ、信頼するのです。

人々に引き渡された

主よ
自分自身のことを顧みると、わたしは滅びるばかりです。
けれども、ああ主よ、あなたの御霊はわたしをきよめ
わたしを支えてくださるに違いありません。
聖霊によらなければ、どんな恵みも賜物も
あなたの御前に十分ではありません。
アダムと罪とによって
わたしたちはことごとく失われており
恵みによるいさおがなくては、すべては無益です。
どうかもう一度、あなたの救いについての
喜ばしい、確かな意識をわたしに与えてください。

(マルティン・ルター　1483–1546)

受難節 第 3 主日

Oculi（目）

列王記上 19 章 1–12 節
エフェソの信徒への手紙 5 章 1–8 節
ルカによる福音書 9 章 57–62 節

あなたがたは、以前には暗闇でしたが、今は主に結ばれ
て、光となっています。光の子として歩みなさい。

（エフェソの信徒への手紙 5 章 8 節）

預言者エリヤもまた四十日四十夜の旅をします。主の使い
は「この道のりは耐えがたいほど長い」と言いました（列王
記上 19:7）。しかしエリヤは御使いが備えてくれた食べ物で力
をつけて歩き続け、神の山に至り、神のご臨在に接すること
ができました。わたしたちも御言葉を食べながらこの道を行
きます。後ろを顧みずにただキリストを見つめます（ルカ 9:62）。

わたしたちは光にならなければならないのではありません。
御言葉はわたしたちに、「キリストによってすでにそうであ
るものになれ」と呼びかけています。そのために「むなしい
言葉」（エフェソ 5:6）を捨てて、キリストの言葉の中にとど
まります。

断念することへの備え

ああ、主よ
わたしたちは、御言葉を知りながら、それを愛さないことで
御言葉を聞きながら、それを行わないことで
御言葉を信じながら、それに従わないことで
御言葉をむなしくしてしまうのです。
わたしたちがあなたの御言葉を
　　むなしくしてしまうことのないようにしてください。
わたしたちの耳と心を開いてください。
わたしたちがあなたの御言葉を
　　正しくとらえることができますように。

（古い教会の祈り）

永遠にいます全能の神よ
あなたは造られたものを一つとして憎まず
悔い改めるすべての者の罪を赦してくださいます。
どうかわたしたちのうちに
　　新しい砕けた心をお造りください。
わたしたちが自らの罪をまことに罪として嘆き
自らのみじめさを悟り
憐れみの神であるあなたにあって
完全な赦しと平安にあずかることができますように。

（The Book of Common Prayer　1549）

受難節 第 17 日　月曜日

　　ルカによる福音書 14 章 25–35 節
　　テサロニケの信徒への手紙一 2 章 13–20 節

　　自分の十字架を背負ってついて来る者でなければ、だれ
　　であれ、わたしの弟子ではありえない。

　　　　　　　　　　　　　　（ルカによる福音書 14 章 27 節）

　主イエスをキリストと信じるとは、十字架を背負って歩ま
れる主イエスの後を、自分の十字架を背負ってついていくこ
とです。主イエスをキリストと信じるとは、わたしの全部が
この方によって贖われたと信じて、わたしがつくはずであっ
た十字架を高らかに掲げて、主イエスにお従いしていくこと
です。神と人の前で自分の罪を認めるということです。
　主イエスを告げる言葉を神の言葉として受け入れます。主
イエスのゆえに受ける苦しみを忍びます（Ⅰテサロニケ 2:13,
14）。主イエスの言葉とわざをすべてわたしのためのものと
して見つめ、ゴルゴタの丘にまで至ります。そこに、わたし
が背負ってきた十字架が立てられます。しかしわたしの十字
架についてくださったのは主イエスでした。

断念することへの備え

力に満ちておられる神よ
あなたは羊の大牧者、わたしたちの主イエスを
死から呼び出してくださいました。
主イエスが永遠の契約の血によって贖われた群れを
慰め、お守りください。
真の説教者の数を増やしてください。
愚かな者の心をやわらかにし、照らしてください。
悩んでいる者たち、
とくに真理を証しするために苦しむ者たちの
痛みを取り去ってください。
わたしたちの主イエス・キリストのお力によって。

（ジョン・ノックス　1513–1572）

受難節 第 18 日　火曜日

ヨブ記 7 章 11–21 節
マルコによる福音書 14 章 43–52 節

わたしも口を閉じてはいられない。
苦悶のゆえに語り、悩み嘆いて訴えよう。

(ヨブ記 7 章 11 節)

　悩みの日にわたしたちは切なる祈りを献げます。危機を乗り越えられるように、痛みが取り除かれるようにと求めます。しかしそのような時もただ自分の周りを回っているだけであることもしばしばです。わたしたちは何を祈るべきかを知りません。

　主イエスは祈るために来てくださいました。わたしのかたわらで祈り、わたしに代わって祈るためにです。わたしが剣や棒を持って敵対しても、接吻をもって裏切っても、わたしのために祈られる。わたしの霊の苦悩を苦しみ、わたしの魂の苦痛を嘆いて祈られます。夜を徹して祈り、死を前にして祈り、十字架の上でも祈られた。

　どうか自分の罪を悲しむことを、そして祈ることを教えてください。

断念することへの備え

主よ
あなたの傷に、わたしの避難所を
あなたのむちの跡に、わたしのいやしを
あなたの痛みに、わたしの平和を
あなたの十字架に、わたしの勝利を
あなたの復活に、わたしの歓喜を
そして、あなたの永遠の御国の栄光に、義の冠を
見出すことを得させてください。

(ジェレミー・テイラー　1613–1667)

受難節 第 19 日　水曜日

マルコによる福音書 9 章 38–47 節
マタイによる福音書 13 章 44–46 節

天の国は次のようにたとえられる。畑に宝が隠されてい
る。見つけた人は、そのまま隠しておき、喜びながら帰
り、持ち物をすっかり売り払って、その畑を買う。

(マタイによる福音書 13 章 44 節)

たとえの中の人物は持ち物をすっかり売り払って畑を買い
ました。畑に隠された宝と比べたら、自分が持っているもの
など取るに足りないものだったのです。

わたしがしっかりと握りしめて、手放すことができないも
のがあります。「捨てよ」と命じられても、ますます強くし
がみついてしまうでしょう。しかし、キリストの内にある幸
いの中では、わたしの手はいつの間にかゆるみ、手を離して
いるはずです。

キリストにお従いすることは、わたしたちが生きることの
全体に及びます。この世の富とは比べものにならないあなた
のすばらしさを味わわせてください。

断念することへの備え

主イエスよ、いと高き神の御子よ

あなたの御名があがめられますように。

あなたの聖なる御手と御足が木に釘づけにされたとき

　　　あなたが忍んでくださった悲しみがあがめられますように。

苦しみが満ちあふれ

　　　あなたがご自分の魂を御父の御手におゆだねになったとき

　　　あなたが抱いていてくださった愛があがめられますように。

あなたの十字架と尊い血潮によって

　　　あなたは全世界を

　　　あなたを求めていたすべての死者の魂を

　　　数え切れない、生まれてこなかった魂を

　　　贖ってくださいました。

あなたは今生きておられ

　　　永遠の三位一体の栄光の内に

　　　永遠から永遠まで支配しておられます。

　　　　　　　　　（ジェレミー・テイラー　1613–1667）

受難節 第 20 日　木曜日

　　　マルコによる福音書 8 章 11–21 節
　　　使徒言行録 9 章 19b–28 節

　　　まだ、分からないのか。悟らないのか。心がかたくなに
　　　なっているのか。目があっても見えないのか。耳があっ
　　　ても聞こえないのか。覚えていないのか。

　　　　　　　　　　　　（マルコによる福音書 8 章 17–18 節）

　鋤に手をかけたのに、後ろを顧みてしまうことがあります
（ルカ 9:62）。あれほど大きな恵みをいただいたのに、わから
なくなってしまうことがあります。福音に反対していた人が
信仰に入ったことを喜べなくて、疑いの目を向けてしまいま
す。すべてを捨てたつもりでいても、まだまだたくさんのも
のを握りしめたままです。
　このような者だからこそ、いつも神の言葉が必要です。主
イエスは何度でも、倦むことなく、喜んで語りかけ続けてく
ださいます。わたしたちは毎日新しく主と出会い、新しい恵
みを味わい、新しく自分を捨て、新しく献身します。

断念することへの備え

主よ、この甘い、救いのしるしによって
わたしたちの敵とあなたの敵から
　　　わたしたちをお守りください。
主イエスよ、あなたの傷ついた足で
　　　わたしたちの道を、正しい道に導いてください。
主イエスよ、あなたの釘付けにされた手で
　　　わたしたちの手を、愛のわざへと動かしてください。
主イエスよ、あなたの刺し貫かれたわきで
　　　わたしたちの願いを、きよめてください。
主イエスよ、あなたの茨の冠で
　　　わたしたちの傲慢を、滅ぼしてください。
主イエスよ、あなたの沈黙で
　　　わたしたちのつぶやきを、辱めてください。
主イエスよ、あなたのかわききったくちびるで
　　　わたしたちの冷酷なおしゃべりに、くつわをかけてください。
主イエスよ、あなたの閉ざされた目で
　　　もうわたしたちの罪を見ないでください。
主イエスよ、あなたの砕かれた心で
　　　わたしたちの心を、あなたに結びつけてください。
そして、この甘い、救いのしるしによって
主よ、わたしたちの平和とあなたの平和へと
わたしたちを引き寄せてください。

　　　　　　　　（リチャード・クラショー　1613 頃–1649、他）

受難節 第 21 日　金曜日 ――――――

マタイによる福音書 10 章 34–39 節
ガラテヤの信徒への手紙 6 章 11–18 節

このわたしには、わたしたちの主イエス・キリストの十
字架のほかに、誇るものが決してあってはなりません。

（ガラテヤの信徒への手紙 6 章 14 節）

「誇る」という語は、パウロの手紙に出てくる大切な語の
一つです。パウロが「誇る」と言うとき、その土台には「よ
り頼む」ことがあります。だから「誇る」ことは「信頼す
る」ことと並べられるし、「大胆さ」「希望」「喜び」とも結
びついています。第一コリント書でも言われるように、キリ
ストの十字架こそがパウロの誇りです（Ⅰコリント 1:18–31）。
より頼むべきものであり、喜びなのです。

十字架は遠くに立っているのではありません。わたしたち
はキリストと共に十字架につけられました（ガラテヤ 2:19）。
世界は死に、わたしたちは新しく生まれました（同 6:14）。
このことを受け取らせてください。

54

断念することへの備え

主イエスよ

あなたはわたしの神、わたしの愛が向かうただ一人のお方です。

上にある終わりのない喜びを望むからではありません。

下にある終わりのない苦しみを恐れるからではありません。

わたしのために、こんなわたしなのに

あなたは恥ずべき十字架を、釘を、やりを

忍んでくださいました。

茨の冠があなたの額を刺し貫き

血の汗があなたの体中からしたたりました。

苦しみの中で、わたしのために、あなたは息をすることをやめ

十字架の上でわたしを抱きしめ

死によってわたしを救われました。

これらのお苦しみはわたしの心を動かさずにはいません。

わたしへのあなたの愛は、あの時も今も変わりません。

あなたへのわたしの愛は、今もこれからも変わりません。

贖い主よ。憐れみの聖なる泉よ。

わたしの神よ。わたしの父、造り主よ。わたしの王よ。

（アレクサンダー・ポープ　1688–1744）

受難節 第 22 日　土曜日 ────────

ルカによる福音書 17 章 28–33 節

自分の命を生かそうと努める者は、それを失い、それを
失う者は、かえって保つのである。

(ルカによる福音書 17 章 33 節)

　ソドムからの脱出の光景がわたしたちの目の前に描き出さ
れています。鮮明なイメージです。火と硫黄が天から降って
きて、町を滅ぼし尽くします。そこに帰っていくことなどあ
りえないことです。だから「畑にいる者も（家に）帰っては
ならない」（ルカ 17:32）と主イエスは言われます。
　滅びの町を脱出して、天の都を目指して旅をします。四十
日の道のりを超えて、この旅は地上の生涯のすべてにわたっ
て続きます。しかし、自分の力で目的地にたどり着く必要は
ありません。わたしたちの命はすでに「キリストと共に神の
内に隠されている」（コロサイ 3:3）からです。

断念することへの備え

主イエスよ
あなたが死に至るまでわたしたちを愛してくださった
聖なる十字架を心からほめたたえます。
十字架の死に、わたしたちはひたすらより頼みます。
これからは
ただあなたのために生きる者とならせてください。
あなたのために死ぬとしても、あなたを愛しながら
あなたの聖なる御腕の中で死ぬ者とならせてください。

(リチャード・チャロナー　1691–1781)

父よ、恵みを与えて
自分のかたくなさを、本当に恥じる者としてください。
怠惰と冷たさから、わたしを奮起させてください。
心を尽くしてあなたを求めさせてください。
黙想と聖なる読書と祈りとを愛することを教えてください。
わたしの知性を永遠へと向かわせてくれるものを
愛することを教えてください。

(ジョン・ヘンリー・ニューマン　1801–1890)

受難節 第 4 主日

Laetare（喜び祝え）

イザヤ書 54 章 7–10 節

コリントの信徒への手紙二 1 章 3–7 節

ヨハネによる福音書 12 章 20–26 節

一粒の麦は、地に落ちて死ななければ、一粒のままである。だが、死ねば、多くの実を結ぶ。

（ヨハネによる福音書 12 章 24 節）

「キリストの苦しみが満ちあふれてわたしたちにも及んでいる」（Ⅱコリント 1:5）と使徒パウロは語ります。キリストの苦しみはわたしたちのところに押し寄せ、わたしたちを包み込んでいます。それと同時に、キリストがそのご受難によってわたしたちのために獲得してくださった救いと命も、わたしたちのところにまでたしかに届いています。だから、「わたしたちの受ける慰めもキリストによって満ちあふれている」（同）。

生きる望みを失い、死を前にしても、なお変わらないたしかな慰めがあります。わたしたちがキリストのものとされ、キリストと共に甦ることになるとの希望です。わたしたちを生かそうとする神の慈しみは揺らぐことがありません。

あなたがたのために犠牲にされた

神よ
ちょうど一粒の麦が地に落ちて死んで
　　豊かな実りを結ぶように
　　あなたの御子は十字架で死んで
　　愛の豊かな実りを結ばれました。
ちょうど一粒の麦が挽かれて小麦粉になり
　　パンを作るように
　　あなたの御子の苦しみは
　　わたしたちに命のパンをもたらしました。
ちょうどパンがわたしたちの肉体を強め
　　日々の仕事を支えるように
　　あなたの御子の復活の体はわたしたちを強め
　　あなたの御言葉に従わせてくださいます。

（トーマス・ミュンツァー　1490 頃−1525）

受難節 第 23 日　月曜日 ─────────────

申命記 8 章 2–10 節
ヨハネによる福音書 6 章 26–35 節

わたしが命のパンである。わたしのもとに来る者は決し
て飢えることがなく、わたしを信じる者は決して渇くこ
とがない。

(ヨハネによる福音書 6 章 35 節)

　わたしたちはパンがあれば生きることはできると考えます。
とんでもない思い違いです。神の語りかけを聞き、神に応え、
神との交わりを持つことなしには、本当に生きることはでき
ません。
　永遠の神の言葉が人となりました。この方こそ命のパンで
す。パンは取って食されるものです。この方はご自分を丸ご
とわたしたちに食べさせ、与え尽くすのだというのです。神
の言葉をわたしたちの魂にまで届けるためです。神の言葉が
わたしたちの内にとどまるようになるためです。主の食卓は
このことを体で味わわせてくださいます。主よ、あなたを受
け取らせてください。

あなたがたのために犠牲にされた

恵み深い父なる神よ
御子は、すべての人のまことの命のパンとなるために
天からこの世に降られました。
どうかこの命のパンによってわたしたちを養い
常に主がわたしたちの内に生き
わたしたちが主の内に生きられるようにしてください。

(日本聖公会 祈祷書)

神よ
あなたは、聖なる御子のご受難によって
恥ずべき死を
わたしたちのための命と平和の手段となさいました。
キリストの十字架をほめたたえるために
わたしたちが恥と不利益とを
喜んで忍ぶことができますように。

(The Prayer Book 1928)

受難節 第 24 日　火曜日

　　ヨブ記 9 章 11–24, 32–35 節
　　マルコによる福音書 14 章 53–65 節

　　わたしの方が正しくても、答えることはできず
　　わたしを裁く方に憐れみを乞うだけだ。

（ヨブ記 9 章 15 節）

　主イエスは逮捕され、ユダヤの最高法院で、さらに総督ピラトのもとで裁判にかけられ、死刑の判決を受けました。神を裁判にかけ、神に死刑の判決を下す。恐ろしいことです。しかし、神の言葉の前に身をかがめることをやめ、耳に心地よい言葉だけを聞こうとするとき、わたしたちは神の言葉を裁判にかけ、神の語りかけを拒んで、死刑の判決を下しています。

　ヨブは反対に、苦しみを通して神の言葉の前にひざをかがませられながらも、神と自分との間に立つ仲裁する者がおらず、対話が成り立っていないと嘆きます（ヨブ記 9:33）。しかしわたしたちには弁護者イエス・キリストがおられます（Ⅰヨハネ 2:1）。

62

あなたがたのために犠牲にされた

愛する救い主よ

あなたの体はわたしのために痛めつけられ

刺し貫かれました。

あなたはご自分の体を隅々まで苦しみに引き渡され

また、辱めと唾に顔を隠すことをなさいませんでした。

茨の冠をかぶらせられたままでおられました。

足のつま先から頭のてっぺんまで病んでいる者を救い

清めるために

あなたは足から頭まで傷ついた者、痛む者と

なってくださいました。

今、わたしはあなたのもとにいます。

罪人のわたしを

あなたの御傷による義の中に引き入れてください。

（ニコラウス・ルートヴィヒ・ツィンツェンドルフ　1700–1760）

受難節 第 25 日　水曜日

　　ヨハネによる福音書 15 章 9–17 節
　　マルコによる福音書 4 章 26–34 節

　　父がわたしを愛されたように、わたしもあなたがたを愛
　　してきた。わたしの愛にとどまりなさい。

　　　　　　　　　　　　　（ヨハネによる福音書 15 章 9 節）

　父、子、聖霊なる三位一体の神は、永遠において交わりの
中に生きておられます。完全な愛の交わりです。「三」であ
るのに同時に「一」である交わりです。わたしたちの理解を
超えた愛です。わたしたちの知らない愛です。しかし、この
聖なる神の愛をもって、神はわたしたちを愛し、わたした
ちを三位一体の愛の交わりの中へと招き入れてくださいまし
た。御父が御子の内におられ、御子が御父の内にいるように、
わたしたちも神の内におり、一つとされるためです（ヨハネ
17:21）。これが永遠の命です。この命を与えるために、御子
は命を捨ててしまわれました。
　わたしたちはこの愛の中に、この命の中にとどまっていた
らいいのです。神の国はただ神の力によって爆発的に成長し
ています。

64

あなたがたのために犠牲にされた

主よ、わたしを強くしてください。
　　あなたのご受難を深く考えることができるように。
　　あらゆる罪からわたしたちを救い出そうと
　　あなたを動かした愛の海にわたしを沈めてください。
あなたの十字架はこの世の賢い者たちにとっては
　　不快で愚かなことであるのを知っています。
　　どれほど厳しいあざけりが浴びせられるとしても
　　わたしにとってあなたの十字架は神の知恵です。
（クリスティアン・フュルヒテゴット・ゲッレールト　1715–1769）

受難節 第26日　木曜日

コリントの信徒への手紙二 4 章 11–18 節

マルコによる福音書 10 章 28–34 節

わたしたちは生きている間、絶えずイエスのために死に
さらされています、死ぬはずのこの身にイエスの命が現
れるために。（コリントの信徒への手紙二 4 章 11 節）

わたしたちは、地上の命は地上の命としてあって、誕生で
始まって死で終わるのであり、終わりの日に復活して新し
い命に生きることになる、と考えます。使徒パウロの語り
方は違います。たしかにわたしたちは病み、傷つき、老い衰
え、ついには朽ちていきます。しかし「わたしたちの『内な
る人』は日々新たにされていきます」（Ⅱコリント 4:16）。わ
たしたちは洗礼によって主イエスと結ばれ、すでに主イエス
の命を生き始めています。わたしたちはこの世からのものを
一つ一つ捨てていきます。絶えず死に渡されています。その
ただ中で、主イエスの命はわたしたちの死ぬべき肉体にすで
に現れています。

あなたがたのために犠牲にされた

主イエスよ

あなたの十字架の愛のゆえに

　　どのような十字架のもとにあっても

　　喜びにあふれた者とならせてください。

あなたがお嫌いになるものや

　　あなたの愛を妨げるものをすべて

　　わたしから取り除いてください。

あなたをもっと深く愛することができますように。

あなたの愛でわたしを溶かしてください。

わたしのすべてが愛になり

　　わたしの存在のすべてをもってあなたを愛せますように。

　　　　（エドワード・ブーヴェリー・ピュージー　1800–1882）

受難節 第 27 日　金曜日

　　ヨハネによる福音書 10 章 14–30 節
　　エレミヤ書 11 章 18–20 節

　　だれもわたしから命を奪い取ることはできない。わたし
　　は自分でそれを捨てる。

（ヨハネによる福音書 10 章 18 節）

　神の民は預言者を迫害しました。預言者が取り次ぐ神の言
葉に耐えられませんでした。わたしたちは神の言葉に不従順
になるだけではなく、神の言葉に敵対する罪人です。そして
預言者への迫害の果てが、主イエスを拒絶し殺害することで
した。

　しかし他方でわたしたちがしっかりと知らなければならな
いのは、主イエスは自ら十字架を背負い、自ら十字架の道行
きを歩み、自ら命を捨ててくださったということです。主イ
エスは命を奪われたのではなく、羊のために命をお捨てにな
りました（ヨハネ 10:11）。敵によって不本意な死を迎えたの
ではなく、友のために命を与え尽くされました（同 15:13）。

あなたがたのために犠牲にされた

主イエス・キリストよ
あなたがこの世に来られたのは
仕えられるためではありませんでした。
感嘆され、その意味であがめられるためでは
ありませんでした。
あなたご自身が道であり、命でいてくださり
わたしたちがあなたに従っていくことだけを
あなたは求めておられます。
あなたに魅了されるだけでよしとし、まどろんでしまうとき
わたしたちを目覚めさせてください。
あなたに従っていく代わりに
ただあなたに感嘆していようとする思い違いから
わたしたちを助け出してください。

(セーレン・キェルケゴール　1813–1855)

受難節 第 28 日　土曜日　――――――――――――――

　　ヨハネによる福音書 14 章 15–21 節

　　わたしが生きているので、あなたがたも生きることになる。
　　　　　　　　　　　　　（ヨハネによる福音書 14 章 19 節）

　主イエスは、三位一体の愛の交わりの中にわたしたちを招
き入れるためにこの世に来てくださり、まことに人となり、
わたしたちの一人となり、それどころか、わたしたち自身と
深く結びついてくださいました。主イエスが生きておられる
ので、わたしたちも生きることになります。主イエスの命と
わたしたちの命は直結しており、一つになっているというの
です。主イエスの生において、わたしたちのためでないもの、
わたしたちと関わりのないものは何一つないというのです。
だから主イエスの物語はすべてわたしたちの物語です。御言
葉の黙想を通してわたしたちの物語を受け取り、祈りを献げ
ます。

あなたがたのために犠牲にされた

わたしは羊ではなくて、石なのでしょうか。
ああ、キリストよ、ただあなたの十字架の下に立って
あなたの血潮がゆっくりと失われていくのを
一滴ずつ数えるばかりで
泣くこともできないわたしは。
あなたを愛していて、深く悲しみ嘆いた婦人たちと違って
痛切な涙を流して倒れ伏したペトロと違って
心を動かされた犯罪人と違って
暗闇の中で顔を隠した太陽や月と違って
わたしは、わたしだけは
嘆くこともできないでいます。
しかし、あきらめてしまわないでください。
まことの牧者よ
あなたの羊を見つけ出してください。
もう一度見回し、見つめ
岩をうち砕いてください。

(クリスティナ・ロセッティ　1830–1894)

受難節 第5主日

Iudica（裁き）

創世記 22 章 1–14 節
ヘブライ人への手紙 5 章 7–10 節
マルコによる福音書 10 章 35–45 節

あなたは、自分の独り子である息子すら、わたしにささ
げることを惜しまなかった。

(創世記 22 章 12 節)

　イサクは、アブラハムが老齢になって、すなわち人間的な
可能性がなくなってから、神の約束によって生まれた子ども
です。「あなたをますます増やす」(創世記 17:2) との神の約
束の最初の実りです。何より愛する息子です。そのイサク
を献げなさいと神から命じられて、アブラハムは従いました。
神がすべてを見て、備えてくださると信じたからです。イサ
クの代わりに、神は雄羊を備えていてくださいました。この
雄羊は神の小羊である主イエスを表しておりましょう。そし
て神の小羊が屠られるとき、神こそ、ご自分の独り子を惜し
むことをなさいませんでした。

神の小羊

主イエス・キリスト、生ける神の御子よ
あなたの御受難、十字架、死を
あなたの裁きとわたしの魂の間に据えてください。
今も、いつでも、しかし、とりわけわたしの死の時に。
あなたの恵みと憐れみをお示しください。
あなたの教会に平和と一致を
わたしたち貧しい罪人に、とこしえの命をお与えください。

(Precationes 1561)

受難節 第 29 日　月曜日 ————————————————

　　ヘブライ人への手紙 6 章 20 節 –7 章 3 節、16–28 節
　　エフェソの信徒への手紙 2 章 11–22 節

　　この方（イエス）は常に生きていて、人々のために執り
　　成しておられるので、御自分を通して神に近づく人たち
　　を、完全に救うことがおできになります。

　　　　　　　　　　　　　　　（ヘブライ人への手紙 7 章 25 節）

　「メシア」とは「油注がれた者」のことですが、旧約聖書
で油注がれた者には、王、預言者と並んで、祭司があります。
民の先頭に立って神に祈り、民を代表して神に犠牲を献げる
者です。主イエスこそ、まことの王であり預言者であるとと
もに、永遠の大祭司でいてくださいます。
　神に近づきたいと願います。教会の礼拝に連なっても、神
のみもとにまでは行けないように感じることがあります。し
かしそうではありません。主イエスはわたしたちを神のみ
もとにまで至らせてくださいます。わたしたちを完全に救
い、わたしたち自身を神の神殿としてくださいます（エフェ
ソ 2:22）。

神の小羊

わたしたちの神よ
洪水が高く押し寄せてもしっかりと立ち続ける杖としての
あなたの十字架にすがらせてください。
あなたがあなたの苦しみと血の汗によって贖うために
　　入り込んでくださったのは
　　他のどこでもなくて、この世であり
　　この世の悲惨、この世の滅び、この世の罪だったのです。
　　　　　（ヘンリー・スコット・ホランド　1847–1918）

受難節 第 30 日　火曜日

　　　ヨブ記 19 章 21–27 節
　　　マルコによる福音書 14 章 66–72 節

　　　わたしは知っている
　　　わたしを贖う方は生きておられ
　　　ついには塵の上に立たれるであろう。

　　　　　　　　　　　　　　　　（ヨブ記 19 章 25 節）

　主イエスが逮捕され、大祭司のところへ連れて行かれたと
き、ペトロは遠く離れてついていきました。主イエスがどう
なるのか知りたかったからです。主イエスに関心がある。す
ばらしいお方だと尊敬もしている。その言葉に教えられ、そ
の行いに感銘を受けている。しかし、主イエスと直接の関わ
りはもたない。わたしたちも「遠く」からの者になることが
あります（マルコ 14:54）。

　しかし遠くからの者は、主にお従いしてはいません。主イ
エスとの関係を問われれば「そんな人は知らない」と否定す
ることになります（同 71 節）。ご自分を否定する者のために、
主は十字架の道を進まれます。

神の小羊

主キリストよ
あなたのご生涯の貧しさに感謝いたします。
あなたの地上での日々のさびしさとみすぼらしさに
あなたの涙とご受難の秘義に
十字架の木の上で見捨てられたことに
死の恥と恐怖に
そしてあなたが十字架のつまずきを
避けようとなさらなかったことに
感謝いたします。

主キリストよ
あなたの貧しさを通して
あなたの豊かさはわたしたちの豊かさとなりました。
わたしたち貧しい者たちに
あなたのあふれる豊かさをお与えください。
そしてあなたの愛の賜物をお与えください。

（ヘルマン・ベッツェル　1861–1917）

受難節 第 31 日　水曜日

　　ヘブライ人への手紙 9 章 11–15 節
　　レビ記 16 章 1–22 節

　　（キリストは）御自身の血によって、ただ一度聖所に
　　入って永遠の贖いを成し遂げられたのです。

　　　　　　　　　　　　　　（ヘブライ人への手紙 9 章 12 節）

　キリストは恵みの大祭司として天の聖所に入り、犠牲をお
献げになりました。キリストがお献げになったのはご自分の
血潮でした。それによって永遠の贖いが成し遂げられました。
　生ける神に仕え、本当の礼拝を献げたいと願います。生け
る神を礼拝することを可能にするのはキリストの血です。本
当の礼拝を実現するのはわたしたちの犠牲ではありません。
神の犠牲です。神の犠牲によって神のみもとに至る道が開か
れました。どの礼拝も、どの聖礼典もキリストの血に基づい
ています。どの説教にも、どの祈りにもキリストの血が振り
かけられています。

神の小羊

主イエス・キリストよ
あなたは十字架の堅い木の上で愛の御腕を広げて
すべての者が来て、あなたの救いのみ腕に
抱かれるようにしてくださいました。
それゆえ、あなたの御霊をまとわせてください。
今度はわたしたちが愛をもって腕を伸ばし
あなたを知らない人々にあなたを知らせ
あなたの愛をもたらすことができますように。

(チャールズ・ヘンリー・ブレント　1862–1929)

受難節 第 **32** 日　木曜日

コリントの信徒への手紙一 2 章 1–5 節
エレミヤ書 15 章 15–21 節

あなたの御言葉が見いだされたとき
わたしはそれをむさぼり食べました。
あなたの御言葉は、わたしのものとなり
わたしの心は喜び躍りました。

(エレミヤ書 15 章 16 節)

　パウロは、地上を歩まれた主イエスにお会いしていないの
だから使徒ではない、と批判されました。そのような批判と
は反対に、パウロは「十字架につけられたキリスト以外、何
も知るまい」と心に決めていました（I コリント 2:2）。キリ
ストがわたしのために十字架についてくださったこと。それ
こそが神の秘義です。そしてすべてのことは十字架の光の中
で初めて明らかになります。

　わたしたちは日ごとに黙想をしながら御言葉を食べていま
す。何度でも口ずさんで繰り返し、飲み込んでお腹の中に入
れ、魂の中にたくわえます。十字架の言葉がわたしたちの喜
びであり誇りです。

神の小羊

主キリスト、神の小羊、主の主よ
聖なる者となるように召されているわたしたちを
　　あなたの十字架の道へと召し出してください。
わたしたちの王のもとに近づいていこうとしている
　　わたしたちを
　　あなたの十字架のみもとに引き寄せてください。
御前に進み出る資格のないわたしたちを
　　あなたの十字架の赦しによって清めてください。
無知で愚かなわたしたちを
　　あなたの十字架の学校で教えてください。
聖なる戦いのために、わたしたちを
　　あなたの十字架の力で武装させてください。
あなたの苦しみにあずからせ、わたしたちを
　　あなたの十字架の勝利へと持ち運んでください。
あなたの栄光の御国で、わたしたちを
　　あなたの十字架の僕の一人に数えてください。

　　　　　　（エリック・ミルナー＝ホワイト　1884–1963）

受難節 第33日　金曜日

ヘブライ人への手紙 10 章 1, 11–18 節

哀歌 3 章 1–9, 13–24 節

なぜなら、キリストは唯一の献げ物によって、聖なる者
とされた人たちを永遠に完全な者となさったからです。

（ヘブライ人への手紙 10 章 14 節）

苦難と辛苦に包まれることがあります。死者のように何の
光もない暗闇に生きることがあります（哀歌 3:2）。神はわた
しの祈りを聞いてくださらないと思うことがあります。わた
したちの罪はさまざまな形で現れてきます。しかし、すべて
の敵に対する勝利はすでに成し遂げられています。キリスト
が「永遠に神の右の座に着いて」おられるとは、わたしたち
を救うために必要なことはすべて成し遂げられてしまったか
ら、もう立ち上がらなくてもよくなったということです（ヘ
ブライ 10:12）。

罪のための献げ物はもはや不要です。わたしたちはただ
「賛美のいけにえ」（同 13:15）を献げます。

神の小羊

主なる神よ

あなたは御子をこの世にお遣わしくださいました。

御子には苦しみと死のほかは

確実なことは何一つありませんでした。

御子はこの使命を

終わりまで全うしてくださいました。

こうして、わたしたちの

生命と喜びの源となってくださいました。

祈り求めます。

わたしたちの喜びを完全なものとしてください。

そして、御子がわたしたちのうちに

この世のあらゆるところに生きておられることを

明らかにしてください。

(ヒュープ・オーステルハイス　1933 生)

受難節 第 **34** 日　土曜日 ——————————

ヨハネの黙示録 14 章 1–5 節

わたしが見ていると、見よ、小羊がシオンの山に立って
おり、小羊と共に十四万四千人の者たちがいて、その額
には小羊の名と、小羊の父の名とが記されていた。

（ヨハネの黙示録 14 章 1 節）

　わたしたちが生きている世界の歴史は、神の救済の歴史で
す。そして神は救済を完成に至らせてくださいます。神によ
る完成は巻物の中にはっきり記されているのに、巻物を開き
実現に至らせることができる者はいませんでした。わたした
ちは神の御心の実現を求めてうめいていますが、巻物を開く
ことも見ることもできません。ただ屠られた小羊であるキリ
ストだけが巻物を受け取り、封印を開くのにふさわしい方で
す（5 章）。わたしたちは小羊の名と御父の名を刻まれ、神
の救済をたたえる新しい歌を歌い、とこしえに神をたたえて
生きることになります。

84

神の小羊

主イエスよ

あなたはわたしをどこに連れて行かれるのでしょう。

　　喜びの中へ。

　　苦しみの中へ。

わたしは怖れています。

しかしあなたと共に行かないのだとしたら

それは心において死ぬことです。

あなたから離れて完全であることを求めても

それは本当のわたしを失うことです。

ですから、わたしのところに来てください。

あなたに抗議し、とまどいながら

それでもいつもあなたを愛しているのです。

すばらしく、また恐ろしい神の国への道にあって

わたしたちが一緒に歩いていくなら

あなたはわたしを離さずにいてくださいます。

（作者不明）

受難節 第 6 主日

棕梠の主日

イザヤ書 50 章 4–9 節
フィリピの信徒への手紙 2 章 5–11 節
ヨハネによる福音書 12 章 12–19 節

ホサナ。
主の名によって来られる方に、祝福があるように、
イスラエルの王に。（ヨハネによる福音書 12 章 13 節）

　主イエスは子ろばに乗ってエルサレムに入っていかれます。人々はなつめやし（棕梠）の枝を持ち、歓呼して出迎えます。しかし主イエスがこれから歩まれるのは、ゴルゴタの丘に続く悲しみの道です。「打とうとする者には背中をまかせ、ひげを抜こうとする者には頬をまかせた」（イザヤ書 50:6）。辱めと唾から顔を隠さずに、どこまでも低く降られます。神の救いのご意志が成し遂げられるために、「へりくだって、死に至るまで、それも十字架の死に至るまで従順でした」（フィリピ 2:8）。

　主の従順によって、主の真実によって、ただそれのみによってわたしたちは救われます。

痛みの人

全能の神よ

今日わたしたちは、勝利されたキリストをあがめます。

賛美の歌を歌いつつ

わたしたちは主に従い、聖なる都に入ります。

永遠にあなたと共に生き、支配されるお方を通して

わたしたちも

天の都エルサレムへ入ることをお許しください。

（「棕梠の主日の祝福を求める祈り」より）

十字架につけられたキリストよ

ゴルゴタのこの聖なる場所に

畏れおののきながら近づきます。

ここであなたは悪を愛の勝利に変え

暴力を平和の勝利に変えてくださいました。

この苦しみと秘義に満ちた日に

あなたが耐え忍んでくださった犠牲に対する

わたしたちの感謝を受け入れてください。

そして、あなたと共にとどまる勇気をお与えください。

すべてが成し遂げられるまで。

（作者不明）

受難節 第 35 日　月曜日 ――――――――

　　ローマの信徒への手紙 5 章 6–11 節
　　マタイによる福音書 26 章 6–13 節

　　わたしたちがまだ罪人であったとき、キリストがわたし
　　たちのために死んでくださったことにより、神はわたし
　　たちに対する愛を示されました。

　　　　　　　　　　　　　　（ローマの信徒への手紙 5 章 8 節）

　エルサレムに来た主イエスは神殿の境内に入り、そこで売
り買いしていた人々を皆追い出されました。「何の権威でこ
のようなことをしているのか」（マタイ 21:23）と問う祭司長
たちと論争になり、彼らは主イエスを殺そうと決意すること
になります。

　そのような中、一人の女性が主イエスの頭に高価な香油
を注ぎます。「家は香油の香りでいっぱいになった」（ヨハネ
12:3）。弟子たちは、無駄遣いだ、愛の浪費だと憤慨しました。
しかし間もなく主イエスは、香油どころではない、ご自分の
命のすべてを注ぎ出してしまわれます。世界がキリストの香
りでいっぱいになりました。

痛みの人

主イエスよ

弟子たちと同じように

あなたを見捨ててしまうわたしたちをお赦しください。

軽率さから、わたしたちはあなたを裏切ります。

恐ろしくて、あなたから逃げてしまいます。

臆病なので、あなたを否定します。

あなたの弟子であることを知られたくないのです。

ペトロや他の者たちを憐れんでくださったように

わたしたちを憐れんでください。

わたしたちの心の中で鶏が鳴くときに

自分が何をしてしまったのかに気がつくときに

あなたの愛のまなざしを受け止めさせてください。

（作者不明）

受難節 第 36 日　火曜日 ───────────

　　ヨブ記 38 章 1–11 節、42 章 1–6 節
　　マルコによる福音書 15 章 1–20 節

　　主は嵐の中からヨブに答えて仰せになった。
　　これは何者か。知識もないのに、言葉を重ねて
　　神の経綸を暗くするとは。男らしく、腰に帯をせよ。
　　わたしはお前に尋ねる、わたしに答えてみよ。

　　　　　　　　　　　　　　　　　　　（ヨブ記 38 章 1–3 節）

　ヨブが垣間見せられたのは神の驚くべき御業でした。しか
し主イエスによる神の救いのご経綸は、さらに驚くべきもの
でした。主イエスが立っておられます。その横に、ピラトが
バラバを立たせます。バラバかイエスか。どちらを選ぶのか。
　バラバは独立運動の指導者です。自分たちの力で世界を変
えようとする人々の代表です。「バラバ」とは「父の子」と
いうことです。主イエスもまた父の子、まったく別の父の子
です。そして服従の道、犠牲の道、十字架の道を行かれる。
　バラバかイエスか。反抗するか犠牲になるか。独立か服従
か。力ずくで成し遂げるか十字架を耐え忍ぶか。
　しかしわたしたちが選ぶ前から、主イエスはわたしたちを選
んでくださいます。わたしのために十字架に向かわれます。

痛みの人

わたしたちの救い主なるイエスよ
わたしたちのために罪人の死を耐え忍んでくださったことを
感謝します。
わたしたちが傲慢に我を忘れてしまうとき
あなたが裏切られ、むち打たれ、公然と卑しめられたことを
思い起こさせてください。
わたしたちが憤りに満たされているとき
あなたが「父よ、お赦しください」と祈られたことを
思い出させてください。
愛をもって憎しみにうち勝たれたあなたの道を示し
あなたを見つめ続ける者としてください。
今も、そしていつまでも。

（作者不明）

受難節 第 37 日　水曜日

　　イザヤ書 26 章 20–21 節
　　ルカによる福音書 22 章 1–6 節

　　ユダは祭司長たちや神殿守衛長たちのもとに行き、どの
　　ようにしてイエスを引き渡そうかと相談をもちかけた。
　　　　　　　　　　　　　　　　（ルカによる福音書 22 章 4 節）

　ダンテの『神曲』では九つの地獄の中のもっとも下の地獄
は裏切り者の地獄です。そこがさらに四つに区切られていて、
いちばん内側の部分は主人を裏切った者の地獄です。その部
分の名前はユダから取って「ジュデッカ」と言います。その
中心には神を裏切った天使ルシファーが氷づけにされており、
口にイスカリオテのユダをくわえています。ユダこそが最悪
の罪人だというのです。しかし裏切ることは、わたしたちに
とってなんと近しいことでしょうか。わたしたちも裏切る者
です。しかし神は裏切ることをなさらない。神の裏切ること
のない愛、変わることのない愛を「慈しみ」と言います。
　神は罪を激しく憤り、「地に住む者に、それぞれの罪を問
われ」ます（イザヤ書 26:21）。神の義が貫かれます。それは
罪人を慈しみ、救うためなのです。

痛みの人

主イエスよ、あなたは罪の汚れのないお方です。

罪をきよめられることを、わたしたちはどんなに渇望していることでしょう。わたしたちは日々、あなたの愛を傷つけ汚しています。

キリストにおける愚か者たち、あなた以外には何も知らない人たち、あるいはまた、信仰ゆえに、ガス室に、凍えるような収容所に投げ込まれ拷問に耐え、一生がたびたび拷問室となっている人たち、そういう人たちと一心同体にならせてください。

主よ、あなたは救うために来られました。

わたしたちの霊的な戦いを、わたしたちの愛を、家庭を、あなたのきよさで覆い、包んでください。

わたしたちのまなざしをお守りください。人々の顔にあなたを認めることができますように。

(バルトロマイ1世)

受難節 第 38 日　木曜日 ——————

洗足の木曜日

　　　出エジプト記 12 章 1–14 節
　　　コリントの信徒への手紙一 11 章 23–26 節
　　　ヨハネによる福音書 13 章 1–15, 34–35 節

　　　もしわたしがあなたを洗わないなら、あなたはわたしと
　　　何のかかわりもないことになる。

　　　　　　　　　　　　　　　　　　（ヨハネによる福音書 13 章 8 節）

　主イエスはご受難の前に弟子たちと食事をすることを切に
願ってくださいました（ルカ 22:15）。この食事の席で聖餐を
制定し、また食事の席から立ち上がって弟子たちの足を洗わ
れました。聖餐も洗足も、主イエスが十字架の上で何をして
くださったかを表しています。主イエスは十字架で流された
血によって汚れ果てたわたしたちを洗い清め、新しい契約を
打ち立て、ご自分をわたしたちに与え尽くしてしまわれまし
た。
　主イエスのすべてがわたしたちに差し出されています。こ
こで起きていることはわたしたちの理解を超えたことです。
差し出されるままに、感謝してお受けします。

痛みの人

主なる神、天の父よ
あなたをほめたたえ、み恵みを感謝します。
御子によって、あなたは聖なる食卓を制定してくださいました。
この食卓において、わたしたちは御子の体を食べ
御子の血を飲むのです。
どうか聖霊によってわたしたちをお助けください。
この賜物をふさわしくないままで受けることが
ありませんように。
自分の罪を認め、罪から離れ
キリストのゆえに罪が赦されていることを
確かなこととして信じ
ついに永遠の救いの喜びに入れられる時まで
信仰と愛の内に日々成長していくことができますように。

(Collects and Prayers 1935)

受難節 第 **39** 日　金曜日

十字架の聖金曜日

　　　イザヤ書 52 章 13 節–53 章 12 節
　　　コリントの信徒への手紙二 5 章 14b–21 節
　　　ヨハネによる福音書 19 章 16–30 節

　　彼の受けた懲らしめによって
　　　　わたしたちに平和が与えられ
　　彼の受けた傷によって、わたしたちはいやされた。

　　　　　　　　　　　　　　　　　　　（イザヤ書 53 章 5 節）

　御言葉は主イエスのお苦しみを描写しません。主イエスの
お姿として語るのは、主が十字架の上でも母を愛し、弟子を
愛し、わたしたちを最後まで愛し抜かれたということです。
　命の水の源である方が、渇ききるまでに命を注ぎ尽くされ
ました。最初はお受けにならなかったぶどう酒を最後にはお
受けになり、それによって舌とのどを潤してもうひとこと語
る用意をされました。ここで何が行われたのかをわたしたち
が知るためです。そして、「成し遂げられた」と言われまし
た（ヨハネ 19:30）。父の御心は成し遂げられた。愛が成し遂
げられた。救いに必要な一切のことは成し遂げられた。

痛みの人

主イエスよ
あなたがお苦しみにならなかったことがあるでしょうか。
　あなたがわたしに与えてくださらなかったものが
　あるでしょうか。
わたしにはあなたを知り尽くすことはとてもできません。
　しかしわたしはあなたを愛し、
　そして驚くことならできます。
　あなたが十字架の上でお入りくださった暗黒が
　どれほど深いものであったかに。
　十字架の上であなたをとらえていた愛が
　どれほど深いものであったかに。

(作者不明)

受難節 第 40 日　土曜日

　　ホセア書 5 章 15 節 –6 章 3 節
　　ヘブライ人への手紙 9 章 24–28 節
　　マタイによる福音書 27 章 57–66 節

　　（キリストは）世の終わりにただ一度、御自身をいけに
　　えとして献げて罪を取り去るために、現れてくださいま
　　した。

　　　　　　　　　　　　　（ヘブライ人への手紙 9 章 26 節）

　土曜日のキリストは墓の中に横たえられておられます。子
なる神がまことに人となられただけでなく、死なれ、陰府
（死者の世界）に降るとは、信仰の神秘の中でもとくに偉大
な神秘です。わたしたちが死んでも、墓に葬られても、そ
こでもキリストは共にいてくださいます。キリストはどこまで
も低くなり、ご自分をむなしくして、わたしたちの道を最後
の最後まで歩んでくださいました。
　もはや神の光が届かない場所はありません。闇も輝いてい
ます。「陰府に身を横たえようとも、見よ、あなたはそこに
います」（詩編 139:8）。今や墓は復活を待つ場所となりました。

98

痛みの人

わたしは自分の魂を平和と沈黙のうちに保ちます
母の胸に眠る幼子のように。
あなたは必ずわたしを見つけてくださるに違いありません。

王であるイエスよ
暗闇の中で命のたいまつをともしてください
あなたのご臨在で沈黙が振動しますように。
この世は空の墓にすぎなくなりますように。
墓の中には、もはや死者はひとりもいなくなりますように。
キリストは死者の中から復活され、死によって死を滅ぼし
墓の中にいる人々に命をもたらしてくださいます。

(バルトロマイ1世)

イースター　キリスト復活祭

　　サムエル記上 2 章 1–10 節
　　コリントの信徒への手紙一 15 章 1–11 節
　　マルコによる福音書 16 章 1–8 節

　　驚くことはない。あなたがたは十字架につけられたナザ
　　レのイエスを捜しているが、あの方は復活なさって、こ
　　こにはおられない。御覧なさい。お納めした場所である。

　　　　　　　　　　　　　　　　（マルコによる福音書 16 章 6 節）

　墓のふたが開き、朝日が墓の奥まで差し込んでいます。墓
は空です。御使いの声が響きます。「あの方は復活なさった」。
この日から、生と死の境界線はもはやはっきりしなくなりま
した。死んで葬られた方は、復活して今生きておられます。
今もわたしたちに先立って歩み、失われた羊を捜し求め、見
つけ出し、連れ戻してくださいます。
　「さあ、行って、弟子たちとペトロに告げなさい」（マルコ
16:7）。御使いはわざわざ「そしてペトロにも」と加えました。
主イエスを知らない（同 14:71）と言ったペトロにも告げな
さい。主は今も、あなたの先頭に立って歩んでおられる。

今日、わたしたちは世界の救いを喜びます。

キリストは甦られました。

　　　わたしたちをキリストにあって甦らせてください。

キリストは新しい命にお入りになりました。

　　　わたしたちをキリストにあって生かしてください。

キリストは墓から出てこられました。

　　　わたしたちから悪の足かせを断ち切ってください。

陰府の門は開かれ、悪の力は打ち負かされました！

キリストにあって新しい創造が始まりました。

ハレルヤ！

主よ、わたしたちを新しくしてください。

ハレルヤ！

　　　　　　　　　（ナジアンゾスのグレゴリオス　330 頃–390 頃）

受難節の過ごし方

教会の時を生きる

　教会には教会の暦、教会のカレンダーがあります。カレンダーというと一年間の予定を記したものを考えるかもしれませんが、わたしたちにとっていちばん大切な暦は、日曜日が「主の日」であることです。「週の初めの日」は、わたしたちにとっては主イエスが甦って、墓から出てこられた日です。復活の日を記念して、わたしたちは日曜日ごとに教会に集まり、神を礼拝します。一週ごとに刻まれる主の日を礼拝の日とし、礼拝を中心として一週間の生活を形作ること、これがいちばん大切なことです。

　教会の暦には一年を単位としたものもあります。待降節第一主日に始まり、終末主日（永遠の主日）に終わる教会の一年です。日本では地域文化がキリスト教と結びついているわけではないので、教会暦が日常生活にまで広がることはほとんどありません。そのせいもあって、教会暦はわたしたちの信仰生活にとっても、それほど大きな位置を占めてはいないように思います。とは言え、日本の教会もキリスト降誕祭、キリスト復活祭、聖霊降臨祭の三つの祭は大切にしていますから、待降節から降誕祭に至る日々と、受難節から復活祭を経て聖霊降臨祭に至る日々には、わたしたちも教会の暦の中に身を置き、教会の時を生きていきたいと願います。

神の御子の受肉も、キリストの復活も、歴史の中ですでに起きた出来事です。わたしたちはまだ主イエスがお生まれになっていないかのように待降節を過ごしたり、まだ主イエスが復活しておられないかのように受難節を過ごしたりするのではありません。あるいは、毎年教会暦によって主イエスの歩みをたどりながら、主イエスに倣い、主イエスのようになっていかなければならないというのでもありません。主イエスの御足の跡をたどるのは、そのひと足ひと足の歩みが何もかもわたし自身のための歩みであったことを心に刻み、感謝するためです。主イエスにお従いして生きていきたいという志を新たにするためです。神の栄光のために生きる生活を形作るためです。

祈りの日々としての受難節

　教会の三つの祭の中でももっとも古くから祝われてきたもっとも大切な祭はキリスト復活祭です。わたしたちも復活祭を大切にして、いきなり復活祭を迎えるのではなく、受難節の歩みを通して復活祭を迎えるための準備をしたいと思います。

　では、受難節をどのように過ごしたらよいのでしょうか。受難節は「四旬節」とも呼ばれます。四十日の期間から来た名称です。しかしまた、ドイツ語では「断食節」と言い、ハリストス正教会では「大斎（おおものいみ）」と言います。これらの名称は、この期間に禁欲をして悔い改めの日々を過ご

したことを示しておりましょう。受難節（と待降節）に用いられる典礼色は紫で、これも悔い改めを表しています。

　悔い改めの実践として、受難節に断食することは古くから広く行われてきました。一日の中で一食（夕食）を制限する、肉やぶどう酒を断つ、乳製品を断つ、金曜日にはまったく断食する、などのことをしました。プロテスタントのキリスト者の中にも、受難節には嗜好品を断つ、過食を控える、娯楽を慎む、さらには断食を行う人もあります。断食することは、健康のため、また生活を見直すためにも良いことでありましょう。さらに、自分が食事をとらないことによって、その分の食費で他者に食事を提供することを可能にするという社会的な意味もありました。今日でもたとえば、コーヒーを飲んだつもり、ケーキを食べたつもり、外食をしたつもりになって、その分のお金を蓄えておき、困窮している人々のために寄付をすることは意味深いことだと思います。

　もっとも、断食をすることそのものに大きな意味があるわけではありません。断食をするのは、祈りに集中するためです。自分の欲求を満たそうとすることを脇において、心を高く上げて、神を思うことに集中するのです。わたしたちも受難節を過ごすにあたって、なによりも祈ることに時間と心を用いたいと思います。

生活の中での祈り

　神の民は一日の中で時間を定めて祈ってきました。聖書の

中には「午後三時の祈りの時」（使徒 3:1）が出てきます。午前九時、正午、午後三時と一日に三回祈りの時をもったようです。教会は神の賜物である日時の一部を規律正しく神にお献げして、献身の生活を形作ることとし、やがて（とくに修道院で）毎日七回ないし八回の祈りを献げるようになりました。これを「時祷」と言います。それぞれの祈りの時にも名前がついていて、朝課（午前二時）、賛課（暁）、一時課（午前六時）、三時課（午前九時）、六時課（正午）、九時課（午後三時）、晩課（日没）、終課（就寝時）と言います。プロテスタントの教会で用いる、朝拝・夕拝、朝祷・晩祷という言い方も時祷の伝統に由来しています。そのような名前を用いなくても、朝の祈り、夜の祈りを大切にしている人も多いでしょう。

　毎日の生活の中で時間を定めて祈る時祷の伝統を回復したいと思います。いつでもよいのですが、やはり朝と夜は祈りにふさわしい時です。朝目覚めたとき、最初に浮かぶ思いが神への思いでありたいのです。神の言葉が一日中自分の魂につきまとい、魂を慰め、うるおし、導いてくださるようにしたいのです。神の前で静かになり、一日の務めを思いめぐらしながら、だれのことを心に留めるべきか、何を優先すべきかを考えたいのです。また、夜目を閉ざす前に、すべての思い悩みを神の御手にゆだねて、平安の中で眠りにつきたいのです。自分の一日の言動を想い起こして、御言葉の光の中で吟味し、犯した罪を悔い改めたいのです。今日出会った人のことを一人一人思い返しながら執り成しの祈りを献げたいの

です。

　受難節は特別な祈りの時ですから、受難節に祈りの生活を始め、四十日間の修練を通して祈りの生活を身につけていき、受難節を過ぎて復活節に入っても、そのまま祈りの生活を続けていくことができるなら、まことに幸いなことであると思います。

受難節の祈り

　祈りの生活は毎日続けていくことが大切です。自分に合った形を作り上げていったらよいのです。ただし、あわただしく行うわけにはいきません。一定の時間を定め、その時間を神にお献げして、御言葉と祈りに集中します。わたしが以前仕えていた教会では、以下の形をひな型として示していました。

初めの祈り（交読してもよい）　詩編 51 編 17 節と詩編
　70 編 6 節

詩編（交読してもよい）　詩編 24 編（または 67 編、95 編、
　100 編など）

聖書　その日の聖書箇所を朗読する。その後、沈黙のう
　ちに御言葉を黙想する。（本書の左ページを参照。）

賛美

主の祈り

祈り　自由な祈り。信仰の先達の祈りを用いてもよい。
　（本書の右ページを参照。）

受難節の過ごし方　*107*

> ### 結びの祈り
>
> （朝の祈り）永遠の父なる神よ、あなたはわたしたちを御力
> 　　によって造り、御恵みによって救ってくださいました。
> 　　どうか聖霊によってわたしたちを強め、導いてくださ
> 　　い。わたしたちが自らを献げて主に仕え、共に主の愛
> 　　のうちにこの日をすごすことができますように、御子
> 　　イエス・キリストによってお願いいたします。アーメン
> （夕の祈り）光の源である主よ、この世の闇を照らし、豊
> 　　かな憐れみをもってわたしたちを守り、今夜の危険を
> 　　ことごとく防いでください。あなたの独り子、救い主
> 　　イエス・キリストの慈しみによってお願いいたします。
> 　　アーメン

　日々の祈りの中心は、御言葉を読んで黙想することと祈る
ことです。その際、御言葉に聞くことと祈ることとが結びつ
くようになりたいのです。わたしたちは自分で祈れるわけで
はありません。神の言葉を聞くことによって、聞いた言葉に
応えて、語りかけてくださったお方に向かって祈りだすこと
ができます。

受難節の主日の名前

　受難節と復活節の主日には、ラテン語の名前がついていま
す。わたしたちの教会ではなじみのないものですが、欧米の
文献を読んでいると時折目にすることがあります。

その代表的な例がルターの説教の名称です。ルターは宗教改革の活動を本格的に始めたため、1520年に教会から破門状を受け、翌年には国家からも法的権利を剥奪され、命の危険にさらされるようになりました。そのため選帝侯によってヴァルトブルク城にかくまわれます。ところが、ヴィッテンベルクでの改革が過激化し、町は混乱に陥ってしまいました。そこでルターは1522年の春、反対を押し切ってヴィッテンベルクに帰還。8日間にわたって連続の説教をしました。力でなく説教によって混乱を鎮静化させたのです。この一連の説教の中でも最初のものがとくに有名ですが、その説教は「invokavitの説教」と呼ばれます。受難節第1主日、すなわちinvocabitの主日に行われた説教だからです。（ドイツでの名称はラテン語の綴りがドイツ風になっています。）ドイツのキリスト者には、「invokavitの主日」も「invokavitの説教」も説明なしにすぐに通じるのです。

そこで、本書の主日のページにはラテン語の名称とその意味を掲げることにしました。それぞれの名称はすべて聖書の言葉から取られています。ご参考までに、元になった聖句をここに掲げてみます。

第1主日　Invocabit（呼び求める）
　「彼がわたしを呼び求めるとき、わたしは彼に答えよう。」
　（詩編 91:15）

第2主日　Reminiscere（思い起こしてください）
　「主よ思い起こしてください、あなたのとこしえの憐れ

みと慈しみを。」（詩編 25:6）

第 3 主日　Oculi（目）

「わたしはいつも主に目を注いでいます。」（詩編 25:15）

第 4 主日　Laetare（喜び祝え）

「エルサレムとともに喜び祝え。」（イザヤ書 66:10）

第 5 主日　Iudica（裁き）

「神よ、あなたの裁きを望みます。」（詩編 43:1）

第 6 主日には「棕梠の主日」という名前があるので、ラテン語の名称は用いません。

本書の用い方

日々の祈りの中心は、すでに述べたように、聖書の言葉を読んで思いめぐらすこと、そして聞いた言葉に応答して祈りを献げることです。

聖書を読み進めるためにはいろいろな方法があります。通読する、聖書日課を用いる、カテキズムを用いるなどです。聖書日課にもいろいろあり、通読に近い形で聖書を読めるように配列したものもあります。本書においては、ドイツのミカエル兄弟団が作成した『福音主義時祷書』の聖書日課を用いました。主イエスのご受難にかかわる聖書箇所ばかりが選ばれているユニークな日課だからです。

主日の聖書日課には旧約聖書、使徒書、福音書の三カ所が選ばれています。月曜日から金曜日までの日課は二カ所選ばれていますが、必ずしも旧約聖書と新約聖書ではありません。

最初の箇所を朝に、二つ目を夜に読むこともできるように
なっています。土曜日の日課は一カ所のみが選ばれています。
土曜日の夜はすでに主の日が始まっており、主日の礼拝に備
えるべきだからです。

　聖書をゆっくりと読みます。心に留まった言葉を繰り返し
て読みます。御言葉を繰り返しながら思いめぐらします。短
い黙想の文章を添えていますので、その言葉とも対話しなが
ら黙想を深めます。思いめぐらしたことをメモしておくとよ
いと思います。

　神の語りかけを受け取ったなら、それに応えて祈りを献げ
ます。自由祈祷の伝統を大切にして、自由な言葉で祈りま
しょう。それと同時に、教会の伝統の中には豊かな祈りの宝
庫があります。信仰の先達が遺してくれた祈りの言葉によっ
て、わたしたちの祈りの言葉が豊かにされ、広げられ、深め
られます。

　主日には教会の祈祷書に見られる祈りを置くようにしまし
た。週日には信仰の先達の祈りを並べてあります。主イエス
のご受難を覚えた祈りを集めたもので、その日の聖書の言葉
に対応しているわけではありません。かたわらにいる兄弟姉
妹が祈っているのを聞くようにして読んでもいいですし、自
分の祈りとして祈ってもいいのです。中には内省的すぎると
か、神秘主義的だとか感じる祈りがあるかもしれません。あ
くまでも一つの助けとして用いてくだされif。

受難節の過ごし方　*111*

だれに向かって祈るのか

　わたしたちは普通、父なる神に向かって祈ります。主イエスが「父よ」と祈れと教えてくださり（ルカ 11:2）、また「父よ」と叫ぶ御子の霊を与えられているからです（ガラテヤ4:6）。その祈りを主イエスの御名によって祈ります。主イエスがそうせよと教えてくださいました（ヨハネ 16:24）。主イエスが共に祈り、わたしたちの祈りをご自分の祈りに包みこんで、ご自分の祈りとしてくださいます。

　それに対して、本書に載せた祈りの多くは主イエスに向かっています。同様の祈りには他にも、礼拝での罪の告白に続く「憐れみの賛歌」（「主よ、憐れんでください。キリストよ、憐れんでください……」）や、「イエスの祈り（心の祈り）」（「神の子、主イエス・キリスト、罪深いわたしを憐れんでください」）があります。福音書に見られる主イエスへの叫びを、教会の祈り、自分の祈りにしています。そういう祈りもあります。

　主イエスのご受難を思い、自らの罪を悲しむ受難節にあたって、わたしたちは時に、わたしのために死んでくださった主イエスに直接呼びかけたくなります。そのようなときには、本書の祈りのように、「主イエスよ」と呼びかけて祈ってよいのです。

参考文献

下記の書の日本語訳を参照した（カッコ内は本書のページ数）

マンシュレック編、平井清訳『改革者の祈り』新教出版社、
　　1959 年 (9)

ヴェロニカ・ズンデル編、中村妙子訳『祈りの花束――聖書
　　から現代までのキリスト者の祈り』新教出版社、1987
　　年 (21 下, 33, 37 上, 41)

『日本聖公会 祈祷書』日本聖公会管区事務所、1991 年 (61
　　上)

ヒュープ・オーステルハイス著、ヤン・スィンゲドー、島崎
　　光正訳『神の言葉は近い』日本基督教団出版局、1977
　　年 (83)

バルトロマイ 1 世著、稗田操子訳『十字架の道ゆき』ドン・
　　ボスコ社、1998 年 (93, 99)

その他、主に下記の書から祈りを集めた

Angela Ashwin (ed.), *The Book of a Thousand Prayers*. Marshall
　　Pickering 1996.

Anthony F. Chiffolo (ed.), *At Prayer with the Saints*. Liguori 1998.

Michael Counsell (ed.), *2000 Years of Prayer*. Morehouse

Publishing 1999.

Philip Law (ed.), *A Time to Pray: 365 Classic Prayers to help you through the year*. Lion Publishing 1997.

Collects and Prayers for Use in Church. The Board of Publication of The United Lutheran Church in America 1935.

Hermann Greifenstein u.a. (hg.), Allgemeines Evangelisches Gebetbuch: Anleitung und Ordnung für das Beten des Einzelnen, der Familie und der Gemeinde mit einer ökumenischen Gebetsammlung. Furche-Verlag [3]1971.

Evangelischen Brüder-Unität (hg.), Die Losungen der Herrnhuter Brüdergemeine für das Jahr 2016. Friedrich Reinhardt Verlag 2015.

Horton Davies (ed.), *The Communion of Saints: Prayers of the Famous*. William B. Eerdmans 1990.

Wolfgang Brinkel (hg.), Unsere Zeit in Gottes Händen: Evangelische Gebete. Gütersloher Verlagshaus 2009.

Manfred Seitz u.a. (hg.), Wir Beten: Gebete für Menschen von heute. Schriftenmissions-Verlag [8]1978.

聖書日課は下記の書に基づく

Die Evangelische Michaelsbruderschaft (hg.), Evangelisches Tagzeitenbuch. Vandenhoeck & Ruprecht [5]2003.

あとがき

　本書のもとになったのは、受難節のたびごとに教会で配布していた「受難節 教会の祈り」という冊子です。日本基督教団五反田教会に副牧師として仕えていたとき、「受難節の祈りの生活を助ける冊子を作りたい。時祷の伝統を回復したいと願っている」との勧めを受けたのがきっかけでした。

　ちょうどリタージカル・ムーヴメントにおいて、プロテスタントの教会も時祷書を作るようになっていました。個人の祈りの生活で用いることを想定しながらタイトルに「教会の祈り」と入れたのは、ローマ・カトリック教会の聖務日課の書物が『教会の祈り』という題であることを意識しました。時祷を教会の祈りとして行いたいと考えたのです。

　時祷の伝統を持つ教会から刺激を受けつつも、自由祈祷によって祈りの生活を形作ることを基本に据えました。その上で、信仰の先達の祈りに助けられて、祈りが広げられ深められることを願いました。このような方針のもと、四十日分の聖書箇所に毎日一つずつの祈りを添えた冊子を作りました。

　この冊子は、五反田教会と共に伝道していた玉川平安教会、この二つの教会が生み出したセンター北教会、伝道協力に加わってくださった美竹教会、さらに函館教会でも用いていた

だくことができました。実際に使った人たちの声を聞いて、持ち運びできるように判型を小さくする、社会的な広がりをもった祈りを入れる、エルサレム入城、宮清め、論争……と受難週の出来事をその当日にたどっていくようにする等々、毎年いろいろな試みをしました。

　御言葉は聖書箇所のみを掲げることが多く、黙想は受難週の分だけごく短いものを載せるくらいでした。今回掲載した黙想は、この本のために新しく用意したものです。

　受難節が始まる前に出版したいと考え、急いで原稿をまとめました。そのため著作権のある祈りについて使用許諾を得る時間がなくなってしまい、当初予定していたうち十以上の祈りの掲載を見送りました。覚え書きとして記すと、ウォルター・ラッセル・ボウィ、アーネスト・キャンベル、ヘンリ・ナーウェン、デイヴィッド・シルク、ブライアン・レン、ジャネット・モーリー、イェルク・ツィンク、アントン・ロートツェッター、レナーテ・シラーなどの祈りです。

　本書の出版に際しては、発案から編集まで、出版局の土肥研一さんに多くを負っています。この場を借りて深く御礼申し上げます。

2018 年　降誕祭

小泉 健

小泉　健　こいずみ・けん

1967 年、長崎県生まれ。1990 年、大阪大学文学部卒業。1997 年、東京神学大学大学院修士課程修了。2007 年、ハイデルベルク大学より神学博士号取得。日本基督教団五反田教会副牧師、センター北教会牧師を経て、現在、東京神学大学教授（実践神学）、成瀬が丘教会牧師。

〈著書〉『説教による教会形成（説教塾ブックレット 10）』（キリスト新
　　　聞社、2011 年）

〈訳書〉クリスティアン・メラー『魂への配慮としての説教』（教文館、
　　　2014 年）

十字架への道　受難節の黙想と祈り

©　2019　小泉　健

2019年 2月20日　初版発行
2020年 5月20日　再版発行

編著者　　小泉　健

発行　　　日本キリスト教団出版局

　　　　　〒 169-0051
　　　　　東京都新宿区西早稲田 2-3-18
　　　　　電話・営業 03（3204）0422
　　　　　　　　編集 03（3204）0424
　　　　　http://bp-uccj.jp/

　　　　　印刷・製本　モリモト印刷

ISBN978-4-8184-1029-9　C1016　日キ販
Printed in Japan

日本キリスト教団出版局の本

祈りのともしび　2000年の信仰者の祈りに学ぶ

平野克己 編（四六判・112頁・1200円）

　祈りは天に向かって立ち上る信仰の炎である。どう祈ったらよい
かわからないとき、二千年の歴史の中でささげられた祈りは、現
代を生きる心の奥底に潜む苦闘や嘆願や喜びを言い表し深い信仰
の世界に誘う。古代から現代へ受け渡される35名の信仰と祈り。

祈り

加藤常昭 著（四六判・426頁・3200円）

　説教者として、深い祈りの人として、真実の信仰に培われてきた
純粋な言葉で綴られた、日々の祈り366篇。まず、何を祈り、何
を求めていくのかへと導き、恵み溢れる慰めの言葉が毎日の豊か
な祈りとされていく。巻末に受難から復活への祈り28篇を収録。

み言葉の放つ光に生かされ　一日一章

加藤常昭 著（四六判・394頁・3400円）

　み言葉の光は私たちを射しつらぬき、真実へと赴かせる。著者の
長い伝道者としての歩みから生み出された小説教に新たな書き下
ろしを加え、み言葉の断想で綴る366日。

わたしたちの祈り 50

越川弘英 編（B6判・114頁・1200円）

　私たちが日常生活の中で、状況に適した祈りをすることは決して簡
単なことではない。「一週間の夕べの祈り」「一年の祈り」「喜びの
時の祈り」「慰めの時の祈り」の4つのテーマに分けた、家庭礼拝、
病床訪問など多くの場面に用いることができる50編の祈り。

（価格は本体価格です。重版の際に定価が変わることがあります）